PAIE

Dominique
GRANDGUILLOT

en poche

13e édition 2023

À jour de toutes les nouveautés « Paie » applicables en 2023

Gualino
un savoir-faire de Lextenso

Du même auteur, dans la même collection :

- Social, 2023 (édition annuelle).
- Paie, 2023 (édition annuelle).

Dominique Grandguillot a plusieurs années d'expérience dans la formation supérieure. Il est auteur de nombreux ouvrages dans le domaine juridique.

Suivez-nous sur www.gualino.fr

Contactez-nous gualino@lextenso.fr

1, Parvis de La Défense
92044 Paris La Défense Cedex
EAN 9782297217132
ISSN 1962-6428

Cet ouvrage a été achevé d'imprimer
dans les ateliers de Leitzaran (Espagne)
Numéro d'impression : 796 – Dépôt légal : janvier 2023

PEFC
PEFC/14-38-00338

Sommaire

Liste des abréviations utilisées

AGIRC : Association générale des institutions de retraite des cadres
AGS : Association pour la gestion du régime de garantie des créances des salariés
AOT : Autorité organisatrice de transport
ARRCO : Association pour le régime de retraite complémentaire des salariés
AT : Accident du travail
CET : Compte épargne-temps
CPAM : Caisse primaire d'assurance maladie
CRDS : Contribution au remboursement de la dette sociale
CSA : Contribution solidarité autonomie
CSG : Contribution sociale généralisée
DSN : Déclaration sociale nominative
FNAL : Fonds national d'aide au logement
HC : Heure complémentaire
HS : Heure supplémentaire
HT : Hors taxes
IJSS : Indemnité journalière de Sécurité sociale
INSEE : Institut national de la statistique et des études économiques
MG : Minimum garanti
MP : Maladie professionnelle
NAF : Nomenclature des activités françaises
NTIC : Nouvelles technologies de l'information et de la communication
PASS : Plafond annuel de la Sécurité sociale
PEE : Plan d'épargne d'entreprise
PEI : Plan d'épargne interentreprises
PERE : Plan d'épargne retraite d'entreprise
PMSS : Plafond mensuel de la Sécurité sociale
PSS : Plafond de la Sécurité sociale
RSA : Revenu de solidarité active
RTT : Réduction du temps de travail
SIRET : Système d'identification du répertoire des établissements
SMC : Salaire minimum conventionnel
SMIC : Salaire minimum interprofessionnel de croissance
TESE : Titre emploi-service entreprise
TTC : Toutes taxes comprises
URSSAF : Union de recouvrement des cotisations de Sécurité sociale et d'allocations familiales
VRP : Voyageurs-représentants-placiers
VT : Versement transport

1 LE SALAIRE

DÉFINITION DU SALAIRE

Le salaire est la contrepartie de la prestation de travail qu'effectue le salarié pour l'employeur dans le cadre d'un contrat de travail.

La définition du salaire relève à la fois du droit du travail et du droit de la Sécurité sociale.

Code du travail art. L. 3221-3	*« Constitue une rémunération…, le salaire ou traitement ordinaire de base ou minimum et tous les autres avantages et accessoires payés, directement ou indirectement, en espèces ou en nature, par l'employeur au salarié en raison de l'emploi de ce dernier ».*
Code de la Sécurité sociale art. L. 242-1	*« …sont considérées comme rémunérations toutes les sommes versées aux travailleurs en contrepartie ou à l'occasion du travail, notamment les salaires ou gains, les indemnités de congés payés, le montant des retenues pour cotisations ouvrières, les indemnités, primes, gratifications et tous autres avantages en argent, les avantages en nature, ainsi que les sommes perçues directement ou par l'entremise d'un tiers à titre de pourboire… ».*

LIBERTÉ DE FIXER LE SALAIRE

Le salaire est, en principe, librement ***fixé lors de l'embauche sous réserve de respecter les dispositions légales ou conventionnelles***.

Interdiction de toute discrimination

Aucun salarié ne peut faire l'objet d'une discrimination en matière de salaire en raison de son origine, de son sexe, de ses mœurs, de son orientation sexuelle, de son identité de genre, de son âge, de sa situation de famille ou de sa grossesse, de ses caractéristiques génétiques, de la particulière vulnérabilité résultant de sa situation économique, apparente ou connue de son auteur, de son appartenance ou de sa non-appartenance, vraie ou supposée, à une ethnie, une nation, une prétendue race, de ses opinions politiques, de ses activités syndicales ou mutualistes, de ses convictions religieuses, de son nom de famille, de son lieu de résidence ou de sa domiciliation bancaire, ou en raison de son état de santé, de sa perte d'autonomie ou de son handicap, de sa capacité à s'exprimer dans une langue autre que le français.

À travail égal, salaire égal

L'employeur est tenu de ***respecter le principe « à travail égal, salaire égal »*** dès lors que les salariés occupent un poste de travail équivalent avec des fonctions, une qualification, des objectifs quantitatifs et qualitatifs, une charge de travail, des responsabilités et une ancienneté identiques. Ce principe n'interdit pas des différences entre salariés effectuant un même travail à condition qu'elles soient fondées sur des éléments objectifs.

Égalité de rémunération entre femmes et hommes

Les disparités de rémunération au sein d'une même entreprise ne peuvent pas, pour un même travail ou pour un travail de valeur égale, être fondées sur l'appartenance des salariés de l'entreprise à l'un ou l'autre sexe.

Pour déterminer une éventuelle disparité de salaire, 2 éléments sont à prendre en considération :

- ***la rémunération*** : les éléments qui la composent sont établis selon des normes identiques pour les femmes et les hommes ;
- ***le travail*** : sont considérés comme ayant une valeur égale, les travaux qui exigent des salariés un ensemble comparable de connaissances professionnelles consacrées par un titre, un diplôme ou une pratique professionnelle, de capacités découlant de l'expérience acquise, de responsabilités et de charge physique ou nerveuse.

Salaire minimum interprofessionnel de croissance (SMIC)

Tout salarié dont la durée de travail est au moins égale à la durée légale hebdomadaire, perçoit une rémunération au moins égale au SMIC.

Le SMIC assure aux salariés dont les revenus sont les plus faibles :

une garantie de leur pouvoir d'achat

Elle est assurée par l'indexation du SMIC sur l'inflation mesurée pour les 20 % des ménages ayant les revenus les plus faibles.

Lorsque l'indice des prix à la consommation enregistre une hausse d'au moins 2 % par rapport à l'indice constaté lors de l'établissement du SMIC immédiatement antérieur, le SMIC est relevé dans la même proportion à compter du 1er jour du mois qui suit la publication de l'indice entraînant ce relèvement.

et

une participation au développement économique

Elle est assurée par la revalorisation du SMIC au 1er janvier de chaque année sur la base de la moitié du gain de pouvoir d'achat du salaire horaire moyen des ouvriers et des employés.

SMIC horaire : 11,27 € au 1/1/2023 soit 1 709,28 €/mois, base 35 h

L'appréciation pour vérifier si le salaire atteint le niveau du SMIC se fait mois par mois en prenant en compte toutes les sommes que le salarié perçoit en contrepartie du travail, à l'exclusion des remboursements de frais, des majorations pour heures supplémentaires, des libéralités et des primes qui ne rémunèrent pas directement le travail effectué mais d'autres éléments (l'ancienneté, l'assiduité, la pénibilité...).

Cas particuliers

Salarié moins de 18 ans	Le salaire, qui ne peut être inférieur au SMIC, subit cependant un abattement en fonction de l'âge : • de 20 % avant 17 ans ; • de 10 % entre 17 et 18 ans. Cet abattement est supprimé dès que le jeune salarié a 6 mois de pratique professionnelle dans la branche d'activité dont il relève.

Apprenti	Le salaire est déterminé en pourcentage du SMIC en fonction de l'âge de l'apprenti et de sa progression dans le ou les cycles de formation faisant l'objet du contrat d'apprentissage.

Respect du salaire minimum conventionnel (SMC)

L'employeur, qui est soumis à une convention collective, doit respecter les dispositions concernant la détermination des classifications professionnelles et des niveaux de qualification ainsi que les minima conventionnels. Il doit donc appliquer au salarié le salaire minimum conventionnel correspondant à sa position dans la classification.

La qualification du salarié qui figure sur son bulletin de salaire permet, en principe, de déterminer sa position dans la classification de la convention collective.

À défaut de dispositions conventionnelles permettant de déterminer les éléments à prendre en considération pour vérifier si la rémunération du salarié respecte le salaire minimum conventionnel (SMC), les règles applicables sont celles en vigueur pour le SMIC.

Si le SMC est inférieur au SMIC, l'employeur doit verser un complément de rémunération pour porter le salaire au niveau du SMIC.

Les organisations syndicales de salariés et d'employeurs qui sont liées par une convention de branche ou, à défaut, par des accords professionnels, se réunissent, au moins une fois tous les 5 ans, pour examiner la nécessité de réviser les classifications.

Augmentation des salaires

Les augmentations de salaires peuvent intervenir en application :

- ***d'une obligation légale*** : le relèvement du SMIC entraîne obligatoirement l'augmentation des salaires devenus inférieurs ;
- ***d'une obligation conventionnelle*** : un relèvement des minima conventionnels et/ou une augmentation générale des salaires qui s'applique aux salaires du personnel de chaque entreprise soumise à ces dispositions conventionnelles :
  - ***au niveau de la branche*** : les organisations de salariés et d'employeurs qui sont liées par une convention de branche ou, à défaut, par des accords professionnels, se réunissent, au moins une fois par an, pour négocier sur les salaires. Cette négociation peut aboutir à un relèvement des minima conventionnels et/ou une augmentation générale des salaires s'appliquant aux salariés de chaque entreprise soumise à ces dispositions conventionnelles,
  - ***au niveau de l'entreprise*** : dans toute entreprise où existe une ou plusieurs sections syndicales avec nomination de délégués syndicaux, l'employeur est tenu d'engager chaque année une négociation sur la rémunération, le temps de travail et le partage de la valeur ajoutée dans l'entreprise. Cette négociation porte notamment sur les salaires effectifs. L'obligation de négocier est une obligation de moyens, elle n'impose pas aux parties de parvenir à un accord.

À défaut d'obligations légales ou conventionnelles, l'employeur est libre de fixer le taux de l'augmentation générale des salaires dans l'entreprise. Il peut aussi procéder à des augmentations individuelles, liées ou non à une promotion.

2 LES MODES DE RÉMUNÉRATION

Le salaire est calculé selon différentes modalités qui peuvent éventuellement se combiner. Dans ce cas, le salaire comprend une partie fixe et une partie variable.

Rémunération au temps

Le salarié est rémunéré en fonction de sa durée de travail effectif, période pendant laquelle il se tient à la disposition de l'employeur. C'est le mode de rémunération le plus courant.

On distingue :

- ***le salaire horaire*** : il correspond à la durée réelle du temps de travail effectif. Il s'applique aux salariés travaillant à domicile, aux salariés saisonniers, aux salariés intermittents et aux salariés temporaires ;
- ***le salaire mensuel*** : il est indépendant, pour un horaire de travail effectif déterminé, du nombre de jours travaillés dans le mois. Il neutralise les conséquences de la répartition inégale des jours entre les 12 mois de l'année (*cf.* fiche 5).

et/ou

Rémunération au rendement

Le salarié est rémunéré en fonction de la quantité produite ou de l'économie de temps réalisée pour l'exécution d'une tâche par rapport à une norme établie.

Il existe différentes techniques pour calculer le rendement :

- la quantité produite (le salaire aux pièces ou à la tâche) ;
- l'économie de temps réalisée ou les efforts déployés par le salarié.

et/ou

Rémunération en fonction d'objectifs fixés

Le salarié est rémunéré en fonction de la réalisation d'objectifs réalistes et réalisables ; par exemple, salaire calculé en fonction du chiffre d'affaires réalisé.

Ce mode de rémunération qui concerne essentiellement les voyageurs, représentants ou placiers du commerce (VRP), peut représenter :

- la totalité de la rémunération du salarié ;
- un complément de la rémunération – ***la commission*** – qui s'ajoute à un salaire fixe.

et/ou

Rémunération au pourboire

Dans certaines professions où le salarié est en contact direct avec la clientèle, ce dernier est rémunéré, en partie ou en totalité, par les pourboires versés par la clientèle et centralisés par l'employeur (***le service porté***). Ils ne doivent pas être confondus avec le salaire fixe ni lui être substitués, sauf dans le cas où un salaire minimum a été garanti par l'employeur.

Quel que soit le mode de rémunération adopté, ce dernier doit respecter les minima légaux et conventionnels. Il ne peut être modifié par l'employeur sans l'accord du salarié.

3 LES COMPOSANTS DU SALAIRE

Le salaire se compose d'un salaire de base auquel peuvent s'ajouter des accessoires du salaire et les heures supplémentaires éventuellement accomplies.

Composition du salaire

Salaire de base

+

Accessoires du salaire

Les avantages en nature
Les primes et les gratifications
Les frais professionnels

+

Heures supplémentaires ou Heures complémentaires

(cf. fiche 4)

AVANTAGES EN NATURE

Les avantages en nature sont constitués par la fourniture ou par la mise à disposition par l'employeur à ses salariés de prestations (biens ou services) soit à titre gratuit, soit moyennant une participation du salarié inférieure à leur valeur réelle. Ils permettent donc au salarié de faire l'économie des frais qu'il aurait dû normalement supporter.

Ils font partie intégrante du salaire et sont pris en compte dans l'assiette des cotisations de Sécurité sociale :

- ***soit d'après leur valeur réelle*** ;
- ***soit d'après une évaluation forfaitaire*** en cas de fourniture de nourriture, d'un logement, d'outils de communication ou d'un véhicule.

Avantage en nature « nourriture »

La prise en charge par l'employeur du repas de ses salariés, en dehors de situations de déplacement professionnel, est constitutive d'un avantage en nature.

L'évaluation de cet avantage en nature est fixée par la convention collective, par un usage dans la profession, par le contrat de travail… À défaut d'accord, son évaluation est fixée forfaitairement.

Forfait repas au 1er janvier 2023

par repas soit 5,20 € ou 10,40 € par jour
(sauf hôtels-cafés-restaurants : 4,01 € par repas (minimum garanti)

Avantage en nature « logement »

La mise à disposition, à titre gratuit, d'un logement à un salarié par son employeur est constitutive d'un avantage en nature qui doit être évalué.
L'employeur a le choix entre 2 modes d'évaluation :

- ***la valeur locative du logement servant à l'établissement de la taxe d'habitation*** ou, à défaut, la valeur locative réelle du logement ;
- ***un forfait mensuel*** incluant les avantages accessoires (eau, gaz, électricité, chauffage, garage).

> **Forfait logement**
> **Barème de 8 tranches établi en fonction de la rémunération mensuelle brute du salarié et du nombre de pièces principales du logement**
> **(barème révisé au 1er janvier de chaque année)**

Avantage en nature « véhicule »

En cas de mise à disposition permanente du salarié d'un véhicule dont l'employeur est propriétaire ou locataire (véhicule loué avec ou sans option d'achat), l'usage privé de ce véhicule est constitutif d'un avantage en nature qui doit être évalué.
L'utilisation à titre privé de ce véhicule pendant la semaine pour les trajets domicile-travail ne constitue pas un avantage en nature si ces derniers sont le prolongement de déplacements professionnels.
L'employeur a le choix entre 2 modes d'évaluation :

- ***les dépenses réellement engagées***, sur justificatifs ;
- ***un forfait annuel***.

Dépenses réelles du véhicule

Véhicule acheté neuf		Véhicule loué
Moins de 5 ans	Plus de 5 ans	
20 % du coût d'achat	10 % du coût d'achat	Coût global annuel location
+ assurance + frais d'entretien + carburant (le cas échéant)		
Total x Nombre de km parcourus annuellement à titre privé / Total des km parcourus par le véhicule annuellement		

Forfait annuel du véhicule

Véhicule acheté neuf		Véhicule loué
Moins de 5 ans	Plus de 5 ans	Location, entretien et assurance
Sans prise en charge du carburant		
9 % du coût d'achat	6 % du coût d'achat	30 % du coût global annuel
Avec prise en charge du carburant		
12 % du coût d'achat	9 % du coût d'achat	40 % du coût global annuel

Avantage en nature d'outils issus des nouvelles technologies de l'information et de la communication (NTIC)

En cas de mise à disposition permanente du salarié, dans le cadre de l'activité professionnelle, des outils NTIC (téléphone mobile, micro-ordinateur, accès internet...), ***l'usage privé de ces outils***, au-delà d'une utilisation raisonnable pour la vie quotidienne d'un salarié, est constitutif d'un avantage en nature qui doit être évalué.

La valeur de l'avantage en nature est déterminée en prenant en compte le rabais dont aurait bénéficié le salarié si l'entreprise lui avait vendu un de ces outils, dans la limite de 30 % du prix public TTC.

L'employeur a le choix entre 2 modes d'évaluation :

- ***les dépenses réellement engagées***, sur justificatifs ;
- ***un forfait annuel***.

Forfait annuel NTIC

10 % du coût d'achat public TTC de ces outils remise déduite ou du coût annuel de l'abonnement TTC, remise déduite.

Attribution de produits réalisés par l'entreprise

L'attribution gratuite ou à titre préférentiel de produits réalisés par l'entreprise est constitutive d'un avantage en nature. L'évaluation s'effectue par référence au prix de vente public avec une réduction tarifaire qui n'excède pas 30 % du prix de vente public normal TTC.

PRIMES ET GRATIFICATIONS

Les primes et les gratifications sont des accessoires du salaire qui constituent ou non un complément de salaire.

Les primes et les gratifications constituent un élément du salaire dès lors qu'elles sont versées et calculées en fonction d'accords ou d'engagements qui les prévoient.

Leur mise en œuvre peut résulter :

- ***d'une convention collective ou d'un accord collectif*** ;
- ***d'un usage constant dans l'entreprise*** : une prime devient contractuelle si son versement est constant, fixe et général. Elle doit donc être accordée un certain nombre de fois, calculée chaque fois selon les mêmes modalités et versée à l'ensemble du personnel ou à une catégorie du personnel de l'entreprise ;
- ***du contrat de travail*** : lors de sa conclusion, l'employeur et le salarié peuvent convenir des conditions d'attribution de primes.

Le versement de certaines primes ou gratifications peut être subordonné à des conditions (ancienneté, présence...) dès lors que ces conditions sont licites et non discriminatoires.

ou

Les primes et gratifications ne constituent pas un élément du salaire dès lors qu'elles résultent d'un acte de libéralité de la part de l'employeur.

L'employeur décide en toute liberté de la possibilité de verser, ou non, ces primes et d'en fixer librement le montant.

Sauf si la prime résulte d'un acte de libéralité de sa part, l'employeur qui souhaite modifier ou supprimer une prime doit respecter une procédure :

- ***si la prime résulte d'un accord collectif***, il ne peut procéder que par un avenant à cet accord ;
- ***si la prime figure au contrat de travail***, il doit obtenir l'accord du salarié car il s'agit d'une modification de son contrat de travail ;
- ***si la prime résulte d'un usage***, il doit informer les représentants du personnel pour qu'une négociation puisse être engagée à ce sujet puis informer individuellement chaque salarié concerné.

Principales primes

Primes liées à la nature ou aux conditions particulières de travail

Elles prennent en compte le temps de travail, le changement de lieu de travail, l'hygiène et la sécurité, l'équipement... :

- la prime d'astreinte
- la prime d'expatriation
- la prime d'intempéries
- la prime de pénibilité
- la prime d'insalubrité
- la prime de risque
- la prime de froid
- la prime d'habillement...

Primes destinées à récompenser ou à motiver les salariés

Elles sont destinées à récompenser la fidélité des salariés, à encourager leur fidélité, à lutter contre l'absentéisme, à gratifier les performances individuelles ou collectives... :

- la prime d'assiduité
- la prime de ponctualité
- la prime d'ancienneté
- la prime de rendement
- la prime de production
- la prime d'objectif...

Primes destinées à marquer l'arrivée d'un événement

Elles sont en principe liées à la fin de l'année ou aux vacances... :

- la prime de fin d'année
- la prime de 13e mois
- la prime de vacances
- la prime de résultat
- la prime de bilan
- la prime de participation...

FRAIS PROFESSIONNELS

Les frais professionnels sont des charges de caractère spécial inhérentes à la fonction ou à l'emploi du salarié que celui-ci supporte au titre de l'accomplissement de son travail.

L'employeur dédommage les frais professionnels :

- ***soit par le remboursement des frais réellement engagés sur justificatifs*** : obligatoire pour certains frais engagés par le salarié (télétravail, utilisation professionnelle d'outils NTIC...) ;
- ***soit par le versement d'une allocation forfaitaire dans des limites fixées par arrêté selon la nature des frais professionnels engagés*** : repas, logement, utilisation à titre professionnel d'un véhicule personnel...

L'indemnisation des frais professionnels (dépenses réelles ou allocations forfaitaires) est exclue de l'assiette de cotisations dans les limites fixées.

Frais de repas

Le montant de l'allocation forfaitaire de repas varie selon la situation du salarié.

Situation du salarié	Montant au 1/9/2022
Indemnité de restauration sur le lieu de travail : salarié contraint de se restaurer sur son lieu de travail en raison de conditions particulières d'organisation ou d'horaires de travail (ex. : travail en équipe, travail posté, travail continu, travail de nuit, travail en horaire décalé).	7,10 €
Frais de repas engagés par le salarié en situation de déplacement :	
• salarié non contraint de prendre son repas au restaurant (indemnité de collation hors des locaux de l'entreprise ou sur chantier) ;	9,90 €
• salarié contraint de prendre son repas au restaurant.	20,20 €

Indemnité de grand déplacement

L'indemnité de grand déplacement est destinée à couvrir les dépenses supplémentaires de nourriture et de logement du salarié en déplacement professionnel.

Le grand déplacement est caractérisé par l'impossibilité pour le salarié de regagner chaque jour son domicile du fait de ses conditions de travail (distance entre lieu de résidence et lieu de travail égale ou supérieure à 50 km ou transports en commun ne permettant pas de parcourir cette distance dans un temps inférieur à 1 h 30 min).

Indemnité de grand déplacement en métropole pour les 3 premiers mois	Montant au 1/1/2023
Par repas	20,20
Pour le logement et le petit-déjeuner :	
• Paris, Hauts-de-Seine, Seine-Saint-Denis et Val-de-Marne ;	72,50 €
• Autres départements de la métropole.	53,80 €

Le montant de l'indemnité de grand déplacement subit un abattement de 15 % du 4e mois au 24e mois inclus et de 30 % du 25e mois au 72e mois inclus.

Prise en charge des frais de transport collectifs ou d'abonnement à un service public de location de vélos

Tout employeur, quelle que soit la localisation de son entreprise, doit prendre en charge une partie du prix des titres d'abonnements souscrits par ses salariés pour leurs déplacements entre leur résidence habituelle et leur lieu de travail accomplis au moyen de transport publics de personnes ou de services publics de location de vélos.

Taux de prise en charge
50 % de l'abonnement sur la base du tarif de 2e classe

L'employeur peut verser, en plus, une indemnité kilométrique vélo, de 0,25 € par km (dans la limite des 500 € par an mentionnée p. 14).

Prise en charge des frais de transport individuel

L'employeur peut prendre en charge tout ou partie des frais de carburant ou d'alimentation électrique d'un véhicule engagés pour leurs déplacements entre leur résidence habituelle et leur lieu de travail par ceux de ses salariés :

- dont la résidence habituelle ou le lieu de travail est située en dehors de la région Île-de-France et d'un périmètre de transports urbains ;

ou

- pour lesquels l'utilisation d'un véhicule personnel est rendue indispensable par des conditions d'horaires de travail ne permettant pas d'emprunter un mode collectif de transport.

La prise en charge est limitée à ***500 € par an et par salarié*** (600 € en cas de cumul avec la prise en charge des frais de transport public).

La prise en charge est mise en œuvre soit par accord collectif, soit par décision unilatérale de l'employeur.

Remboursement des indemnités kilométriques prévues par le barème fiscal

Les dépenses engagées par le salarié par l'utilisation de son véhicule à des fins professionnelles sont remboursées dans la limite du barème kilométrique forfaitaire publié chaque année par l'administration fiscale. La puissance fiscale maximale prise en compte est de 7 CV.

Les dépenses engagées par un salarié contraint d'utiliser son véhicule personnel soit parce que le trajet domicile-lieu de travail n'est pas desservi par les transports en commun, soit parce que ses horaires de travail ne lui permettent pas d'utiliser les transports en commun peuvent être remboursées dans la limite du même barème.

Déduction forfaitaire spécifique (DFS) pour frais professionnels

Pour certaines catégories de salariés, les employeurs sont autorisés à appliquer à la base de calcul des cotisations de Sécurité sociale une déduction forfaitaire spécifique (DSF) pour frais professionnels, dans la limite de 7 600 € par année civile. Dans ce cas, le remboursement des frais réels ou le versement des allocations forfaitaires sont, sauf exceptions, à réintégrer dans la base de calcul des cotisations de Sécurité sociale.

Le taux de la déduction forfaitaire spécifique varie de 5 % à 30 % selon les professions. Le bénéfice de cette déduction est lié à l'activité professionnelle du salarié et non à l'activité générale de l'entreprise. Sont notamment concernés les ouvriers travaillant sur les chantiers, les VRP, les journalistes, les artistes... Sa mise en œuvre suppose l'existence d'un accord collectif ou, à défaut, l'accord du salarié.

Titre-restaurant

Le titre-restaurant est un titre spécial de paiement remis par l'employeur aux salariés leur permettant de payer en tout ou en partie un repas au restaurant, des préparations alimentaires et des fruits et légumes.

La part patronale est exonérée des cotisations sociales à 2 conditions :

- être comprise entre 50 % et 60 % de la valeur du titre-restaurant ;
- ne pas excéder un montant fixé par décret (5,92 € au 1/9/2022).

Le complément de rémunération qui en résulte pour le salarié est exonéré d'impôt sur le revenu.

4 La rémunération du temps de travail

Un accord d'entreprise peut adapter certaines des dispositions relatives à la durée du travail.

DÉTERMINATION DU TEMPS DE TRAVAIL EFFECTIF

La durée du travail est calculée à partir du temps de travail effectif.

Le temps de travail effectif est le temps pendant lequel le salarié est à la disposition de l'employeur et doit se conformer à ses directives sans pouvoir vaquer librement à des occupations personnelles.

Le temps de travail effectif inclut ou exclut certaines périodes :

- ***le temps de restauration et/ou de pause*** : il est inclus dès lors que le salarié continue d'être à la disposition de l'employeur sans pouvoir vaquer librement à des occupations personnelles ;
- ***le temps d'habillage et de déshabillage*** : il est exclu sauf stipulations conventionnelles ou contractuelles contraires. Une contrepartie, sous forme de repos ou de primes, doit être prévue si la tenue de travail est imposée par des dispositions législatives, conventionnelles ou contractuelles et que l'habillage et le déshabillage doivent être réalisés sur le lieu de travail ;
- ***le temps de déplacement professionnel*** : il correspond au temps nécessaire pour se rendre sur le lieu d'exécution du contrat de travail. Ce temps est exclu. Cependant, s'il dépasse le temps normal de trajet entre le domicile et le lieu habituel de travail, il doit faire l'objet d'une contrepartie sous forme de repos ou de primes. La part de ce temps de déplacement coïncidant avec l'horaire de travail n'entraîne aucune perte de salaire ;
- ***la période d'astreinte*** : elle s'entend comme une période pendant laquelle le salarié, sans être à la disposition permanente et immédiate de l'employeur, a l'obligation de demeurer à son domicile ou à proximité afin d'être en mesure d'intervenir pour effectuer un travail au service de l'entreprise. Seule la durée de l'intervention proprement dite est considérée comme un temps de travail effectif. Les conditions d'organisation des astreintes ainsi que les compensations financières ou de repos auxquelles elles donnent lieu sont mises en place par voie conventionnelle ou à défaut par l'employeur.

DURÉE LÉGALE DU TRAVAIL EFFECTIF

La durée légale du travail effectif est fixée à ***35 heures par semaine civile***. Elle est fixée à 1 607 heures lorsqu'elle est annuelle et à 218 jours lorsqu'elle est fixée par une convention de forfait.

La loi fixe certaines durées de travail à ne pas dépasser sauf dérogation.

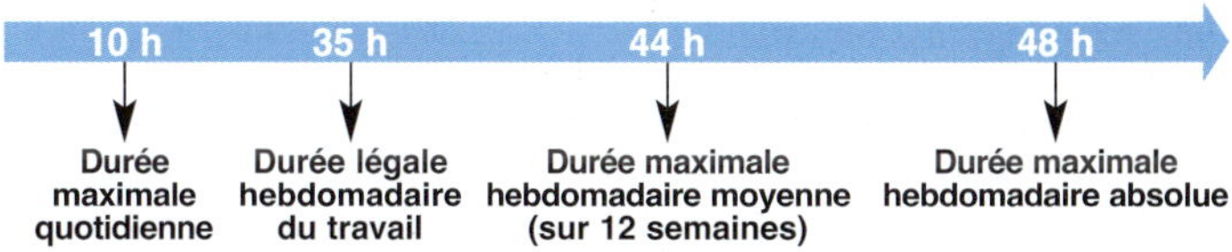

Un régime d'équivalence s'applique à certaines professions pour tenir compte des temps d'inactivité ; dans ce cas, une durée de présence supérieure à 35 heures correspond à 35 heures de travail effectif.

HEURES SUPPLÉMENTAIRES (HS)

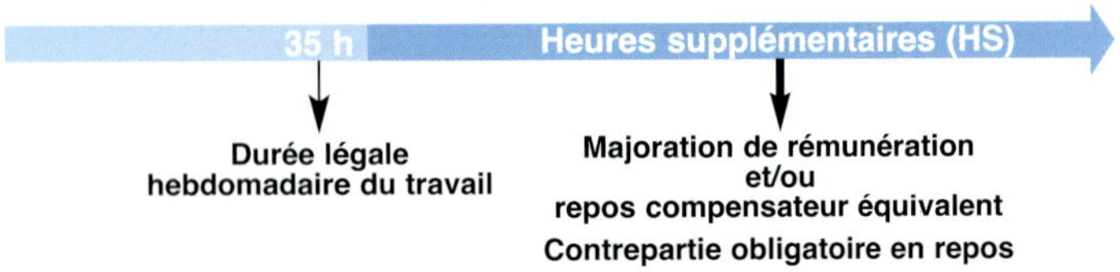

La durée légale du travail effectif ne constitue pas une durée maximale mais un simple seuil de déclenchement des majorations pour heures supplémentaires et du décompte du contingent annuel.

Les heures supplémentaires sont les heures de travail effectuées au-delà de la durée légale du travail effectif (ou durée équivalente) à l'exclusion des heures de récupération. Elles sont décomptées par semaine civile, du lundi 0 heure au dimanche 24 heures.

Contingent annuel d'heures supplémentaires

Un accord collectif fixe le contingent annuel d'heures supplémentaires, les conditions de son dépassement ainsi que les conditions pour la prise de la contrepartie obligatoire en repos.

Contingent annuel d'heures supplémentaires
220 h par an et par salarié (en l'absence d'accord collectif)

Le contingent est décompté individuellement par an et par salarié.

Contrepartie obligatoire en repos

La contrepartie obligatoire en repos est due ***pour toute heure supplémentaire accomplie au-delà du contingent annuel***. Elle est fixée à :

- ***50 % soit 30 minutes de repos pour toute heure accomplie***
  Entreprises de 20 salariés au plus

ou

- ***100 % soit 1 heure de repos pour toute heure accomplie***
  Entreprises de plus de 20 salariés

Rémunération des heures supplémentaires

Le taux de majoration pour heures supplémentaires peut être fixé par voie conventionnelle, sans pouvoir être inférieur à 10 %. À défaut d'accord, il est fixé à :

Heures supplémentaires	Majoration du taux horaire
Pour les 8 premières heures (de la 36e à la 43e heure incluse)	25 % du taux horaire
Pour les suivantes (au-delà de la 44e heure)	50 % du taux horaire

Les heures supplémentaires sont payées en même temps que le salaire. Elles ouvrent droit à une déduction forfaitaire de cotisations patronales pour les entreprises de moins de 20 salariés (*cf.* fiche 11).

La majoration pour heures supplémentaires s'applique sur le taux horaire obtenu à partir du salaire de base. Ce salaire inclut les primes liées à la nature du travail (primes d'insalubrité, de rendement…) et exclut les primes indépendantes du travail (prime d'ancienneté…).

Détermination du taux horaire des heures supplémentaires (HS)

$$\text{Taux horaire HS} = \frac{\text{Salaire de base}}{\text{Durée moyenne mensuelle du travail}}$$

Repos compensateur de remplacement

Un accord collectif peut prévoir le remplacement de tout ou partie du paiement des heures supplémentaires, ainsi que des majorations, par un repos compensateur de remplacement correspondant à :

Heures supplémentaires	Repos compensateur de remplacement
Pour les 8 premières heures	1 h donne droit à 1 h 15 min de repos
Pour les suivantes	1 h donne droit à 1 h 30 min de repos

Les heures supplémentaires intégralement remplacées par ce repos sont exclues du décompte du contingent annuel.

Le repos compensateur de remplacement se cumule avec la contre-partie obligatoire en repos. Le salarié doit être informé régulièrement de ses droits au repos en distinguant les 2 types de repos par un document, dont le double est annexé au bulletin de salaire.

Le droit au repos est réputé ouvert dès que sa durée atteint 7 heures. Le repos peut être pris par journée entière ou par demi-journée à la convenance du salarié dans un délai maximum de 2 mois suivant l'ouverture du droit (6 mois par voie conventionnelle).

HEURES COMPLÉMENTAIRES (HC)

Les heures complémentaires sont des heures effectuées au-delà de la durée hebdomadaire ou mensuelle de travail fixée par le contrat de travail du salarié à temps partiel. Elles sont possibles à 2 conditions :

- ***ne pas dépasser la limite de 10 % de la durée hebdomadaire ou mensuelle de travail prévue au contrat*** (possibilité de porter cette limite au tiers par voie conventionnelle) ;

et

- ***ne pas avoir pour effet de porter la durée du travail au niveau de la durée légale du travail*** ou de la durée fixée conventionnellement.

Les heures complémentaires accomplies dans la limite de 10 % donnent lieu à une majoration de salaire de 10 %. Celles effectuées au-delà de la limite de 10 % bénéficient d'une majoration de 25 %. Elles sont payées en même temps que le salaire.

Le complément d'heures est une augmentation temporaire de la durée de travail fixée au contrat. Il est subordonné à un accord de branche étendu qui peut prévoir une majoration salariale de ces heures et limitée à 8 avenants par an. Les heures accomplies au-delà de cette durée donnent lieu à une majoration de salaire de 25 %.

Les rémunérations au titre des heures supplémentaires et complémentaires bénéficient :

- ***d'une exonération de cotisations salariales d'assurance vieillesse de base et complémentaire***, sans effet sur les droits sociaux des assurés, dans la limite de 11,31 % ;
- ***d'une exonération de l'impôt sur le revenu*** dans une limite annuelle de 5 000 €.

JOURS FÉRIÉS

Il existe ***11 jours fériés*** :

- ***1 jour férié légal*** : ***le 1er mai*** ;
- ***10 jours fériés ordinaires*** : le 1er janvier, le lundi de Pâques, le 8 mai, l'Ascension, le lundi de Pentecôte, le 14 juillet, le 15 août, la Toussaint, le 11 novembre et le 25 décembre (Noël).

Le 1er mai est le seul jour férié et chômé. Si le salarié travaille, il a droit, en plus du salaire correspondant au travail accompli, à une indemnité égale au montant de ce salaire.

Le repos des jours fériés ordinaires n'est légalement obligatoire que pour les salariés de moins de 18 ans. L'accord d'entreprise ou, à défaut, l'employeur fixe les jours fériés chômés.

Les jours fériés ordinaires chômés sont :

- ***rémunérés pour les salariés mensualisés totalisant au moins 3 mois d'ancienneté dans l'entreprise*** ;

ou

- ***non rémunérés pour les salariés à domicile, saisonniers ou intermittents et pour les salariés temporaires*** sauf si les salariés de l'entreprise en bénéficient.

Un jour férié ordinaire travaillé n'ouvre droit à aucune majoration de salaire, sauf dispositions conventionnelles plus favorables.

Les heures de travail perdues par suite de chômage des jours fériés ordinaires ne donnent pas lieu à récupération.

TRAVAIL LE DIMANCHE

Il est interdit de faire travailler un même salarié plus de 6 jours par semaine. Dans l'intérêt des salariés, le repos hebdomadaire est donné le dimanche. Il connaît de nombreuses dérogations.

- ***Dérogations permanentes de plein droit*** : elles découlent des caractéristiques de l'activité (hôpitaux, transports, hôtellerie, spectacle…). Le repos hebdomadaire est donné par roulement pour tout ou partie du personnel. Dans les commerces de détail alimentaire, il peut être donné le dimanche à partir de 13 heures.

  Contrepartie : rémunération majorée d'au moins 30 % dans les commerces de détail alimentaire de 400 m^2 ou plus.

- ***Dérogations conventionnelles*** : elles concernent les entreprises où le travail est organisé de façon continue ou qui font appel à des équipes de suppléance. Aucune contrepartie légale prévue.
- ***Dérogations accordées par le maire*** : elles concernent le commerce de détail. 12 dimanches par an au maximum. Contrepartie : rémunération doublée et repos compensateur.
- ***Dérogations accordées par le préfet*** : elles concernent tout établissement où le repos simultané de l'ensemble du personnel serait préjudiciable au public ou au fonctionnement normal de l'établissement. Accords collectifs prévoyant des contreparties et salariés volontaires.
- ***Dérogations sur un fondement géographique*** : elles concernent les commerces situés dans les zones touristiques internationales, les zones touristiques ou les zones commerciales. Accords collectifs prévoyant des contreparties et salariés volontaires.

HEURES COLLECTIVEMENT PERDUES

Les heures perdues en deçà de la durée légale du travail (ou de la durée équivalente) par suite d'interruption collective du travail résultant de causes accidentelles, d'intempéries, d'un cas de force majeure, de l'inventaire ou d'un pont (jour ouvrable chômé compris entre un jour férié et le jour de repos hebdomadaire) donnent lieu à récupération dans les 12 mois qui suivent sans pouvoir augmenter la durée du travail de plus d'une heure par jour ni de plus de 8 heures par semaine.

Les heures de récupération sont rémunérées au taux normal.

JOURNÉE DE SOLIDARITÉ

La journée de solidarité est destinée à assurer le financement des actions en faveur de l'autonomie des personnes âgées ou handicapées.

+ → ***Pour les salariés, une journée supplémentaire de travail non rémunérée de 7 heures.***

+ → ***Pour les employeurs, une contribution de 0,30 % sur les salaires.***

AMÉNAGEMENT DU TEMPS DE TRAVAIL SUR UNE PÉRIODE SUPÉRIEURE À LA SEMAINE

Lorsqu'un dispositif d'aménagement du temps de travail sur une période de référence supérieure à la semaine est mis en place, les heures supplémentaires sont décomptées à l'issue de cette période de référence :

- ***si la période de référence est annuelle***, constituent des heures supplémentaires les heures effectuées au-delà de 1 607 heures ;
- ***si la période de référence est inférieure ou supérieure à un an***, constituent des heures supplémentaires les heures effectuées au-delà d'une durée hebdomadaire moyenne de 35 heures calculée sur la période de référence.

L'accord collectif peut fixer la période de référence, qui ne peut excéder un an ou, si un accord de branche l'autorise, 3 ans.

En l'absence d'accord collectif, l'employeur peut mettre en place une répartition sur plusieurs semaines de la durée du travail, dans la limite de :

- 9 semaines pour les entreprises de moins de 50 salariés ;
- 4 semaines pour les entreprises de 50 salariés et plus.

Il peut être prévu d'octroyer des journées ou demi-journées de repos équivalant au nombre d'heures effectuées au-delà de la durée légale du travail (journées de réduction du temps de travail : RTT).

CONVENTIONS DE FORFAIT

La forfaitisation de la durée du travail fait l'objet de l'accord du salarié et d'une convention individuelle de forfait.

Convention de forfait en heures

Le forfait en heures est hebdomadaire, mensuel ou annuel.

Tout salarié peut conclure une convention de forfait en heures sur la semaine ou sur le mois.

Le salarié pouvant conclure une convention de forfait en heures sur l'année, dans la limite du nombre d'heures fixé par l'accord collectif, est le cadre dont la nature des fonctions ne le conduit pas à suivre l'horaire collectif ou le salarié disposant d'une réelle autonomie dans l'organisation de son emploi du temps.

La rémunération du salarié est au moins égale à la rémunération minimale applicable dans l'entreprise pour le nombre d'heures correspondant à son forfait, augmentée, le cas échéant, si le forfait inclut des heures supplémentaires, des majorations prévues.

Convention de forfait en jours

Le forfait en jours est annuel. Il est mis en place par accord collectif.

Le salarié pouvant conclure une convention de forfait en jours sur l'année, dans la limite de 218 jours, est :

- le cadre disposant d'une autonomie dans l'organisation de son emploi du temps et dont la nature des fonctions ne le conduit pas à suivre l'horaire collectif ;
- le salarié dont la durée du temps de travail ne peut être prédéterminée et qui dispose d'une réelle autonomie dans l'organisation de son emploi du temps pour l'exercice des responsabilités qui lui sont confiées.

La rémunération doit être en rapport avec les sujétions imposées au salarié concerné (non soumis aux dispositions relatives aux durées hebdomadaires maximales de travail).

Le salarié qui le souhaite peut, en accord avec son employeur, renoncer à une partie de ses jours de repos en contrepartie d'une majoration de son salaire, le taux de la majoration ne peut être inférieur à 10 %. En cas de renonciation, et à défaut de précision dans l'accord collectif, le nombre maximal de jours travaillés dans l'année est de 235 jours.

COMPTE ÉPARGNE-TEMPS (CET)

Le compte épargne-temps est instauré par voie conventionnelle. Il permet au salarié d'accumuler des jours de congé ou de bénéficier d'une rémunération, immédiate ou différée, en contrepartie des périodes de congé ou de repos non prises.

Le CET peut être alimenté à l'initiative :

- ***du salarié*** : par une partie des congés payés excédant 24 jours ouvrables, des jours de RTT, des heures de repos compensateur, par tout ou partie des primes d'intéressement ou de participation, d'un PEE, d'un PIE ou d'un PERE... ;
- ***de l'employeur*** : par un abondement de l'employeur.

Le CET est utilisé, à l'initiative du salarié pour :

- ***indemniser*** tout ou partie d'un congé, d'un temps partiel, d'une période de formation en dehors du temps de travail ou d'une cessation d'activité progressive ou totale ;
- ***compléter*** son salaire dans la limite des droits acquis ;
- ***alimenter*** un PEE, un PEI ou un PERE, pour racheter des années d'études ou des années ayant donné lieu à un versement de cotisations insuffisant pour valider 4 trimestres d'assurance vieillesse.

5 LE PAIEMENT DU SALAIRE

MODE DE PAIEMENT DU SALAIRE

Le salaire est payé :

- ***soit en espèces*** ;
- ***soit par chèque barré*** ;
- ***soit par virement sur un compte bancaire ou postal***.

En dessous	Seuil	Au-delà
En dessous, le salaire est payé en espèces au salarié qui le demande.	1 500 €	Au-delà, le salaire est payé par chèque barré ou par virement sur un compte bancaire ou postal.

LIEU ET MOMENT DU PAIEMENT DU SALAIRE

Le salaire est quérable et non portable. Il doit être remis au salarié sur le lieu de travail, et non au siège social de l'entreprise.

Le salaire est versé un jour ouvrable sauf en cas de paiement réalisé par virement.

Le paiement ne peut avoir lieu dans les débits de boissons ou magasins de vente, sauf pour les personnes qui y sont employées.

PÉRIODICITÉ DU SALAIRE

L'intervalle de temps entre 2 paies successives ne doit pas excéder la périodicité maximale prévue pour le paiement du salaire.

Salariés mensualisés : la mensualisation

La rémunération des salariés est mensuelle et indépendante, pour un horaire de travail effectif déterminé, du nombre de jours travaillés dans le mois.

Le paiement de la rémunération est effectué une fois par mois.

La mensualisation :

- ***neutralise les conséquences de la répartition inégale des jours entre les 12 mois de l'année*** ;
- ***permet la stabilité du salaire en cas de réduction du temps de travail indépendante de la volonté du salarié*** (paiement des jours fériés chômés ou des congés pour événements familiaux et maintien du salaire en cas d'arrêt de travail sous certaines conditions).

Pour un horaire équivalent à la durée légale hebdomadaire du travail (35 heures), la rémunération mensuelle due au salarié se calcule en multipliant la rémunération horaire par les 52/12e de la durée légale hebdomadaire.

Durée mensuelle forfaitaire en cas de durée légale hebdomadaire

$$\textbf{35 heures x } \frac{\textbf{52 semaines}}{\textbf{12 mois}} \textbf{ = 151,666 soit 151,67 heures}$$

Salariés non mensualisés

Les dispositions de la mensualisation ne s'appliquent pas aux salariés travaillant à domicile, aux salariés saisonniers, aux salariés intermittents et aux salariés temporaires.

Ces salariés sont ***payés au moins 2 fois par mois***, à 16 jours au plus d'intervalle.

Voyageurs-représentants-placiers (VRP)

Les VRP rémunérés soit par un salaire fixe, soit par des commissions, soit par une combinaison de ces 2 modes, sont payés :

- ***une fois par mois, pour la partie fixe*** ;
- ***au moins tous les 3 mois, pour les commissions***.

RETENUES SUR SALAIRE

Droit à compensation

L'employeur ne peut opérer une retenue de salaire pour compenser des sommes qui lui seraient dues par un salarié pour fournitures diverses, quelle qu'en soit la nature, sauf dans les cas de fournitures suivants :

- outils et instruments nécessaires au travail ;
- matières ou matériaux dont le salarié a la charge et l'usage ;
- sommes avancées pour l'acquisition de ces mêmes objets.

La responsabilité pécuniaire d'un salarié à l'égard de son employeur ne peut résulter que de sa faute lourde (volonté de lui nuire).

Acompte et avance

Acompte sur salaire	Il consiste, pour l'employeur, à ***verser, par anticipation, au salarié, qui le demande, la rémunération d'une période de travail déjà effectuée***. Pour une quinzaine, il correspond à la moitié de la rémunération mensuelle. L'employeur est tenu de verser : • un acompte au salarié mensualisé qui en fait la demande. Il est déductible en totalité et de plein droit sur la paie à venir ; • un acompte sur les commissions dues au titre du trimestre en cours au VRP qui en fait la demande. Il est déductible en totalité et de plein droit sur le montant des commissions trimestrielles à venir.
Avance sur salaire	Elle consiste, pour l'employeur, à ***verser au salarié, qui le demande, une somme correspondant à un travail non encore effectué***. Elle correspond à un prêt de l'employeur à son salarié. Son montant est libre, mais l'employeur n'est pas tenu d'accepter la demande du salarié. Son remboursement s'effectue par une retenue sur salaire qui ne peut excéder 1/10e du montant du salaire net exigible. La retenue opérée à ce titre ne se confond pas avec la partie saisissable (*cf.* fiche 17).

6 LE BULLETIN DE PAIE

REMISE DU BULLETIN DE PAIE

Lors du paiement du salaire, l'employeur remet au salarié une pièce justificative dite bulletin de paie. Il ne peut exiger aucune formalité de signature ou d'émargement autre que celle établissant que la somme reçue correspond bien au montant net figurant sur ce bulletin.

FORME DU BULLETIN DE PAIE

Le bulletin de paie n'est soumis à aucune condition de forme mais doit être lisible et compréhensible. L'employeur peut remettre au salarié :

- ***un bulletin de paie sous forme papier***, imprimé ou manuscrit ;
- ***un bulletin de paie sous forme électronique***.

Depuis le 1er janvier 2017, le bulletin de paie sous forme électronique devient le principe et le format papier l'exception. Lorsque l'employeur décide de recourir à ce type de bulletin de paie, il en informe le salarié par tout moyen conférant date certaine, un mois avant sa première émission ou au moment de l'embauche, de son droit de s'y opposer.

Sa remise s'effectue dans des conditions garantissant l'intégrité, la disponibilité (au moins 50 ans) et la confidentialité des données ainsi que leur accessibilité dans le cadre du service associé au compte personnel d'activité (CPA).

SIMPLIFICATION DU BULLETIN DE PAIE

Le bulletin de paie a fait l'objet d'une ***rédaction simplifiée*** concernant les informations relatives aux cotisations et contributions d'origine légale et conventionnelle. Les informations relatives aux cotisations de protection sociale sont regroupées par risque couvert. Les autres contributions relevant de l'employeur sont regroupées en une seule ligne. D'autres mentions destinées à mieux informer les salariés sur le coût du travail font leur apparition.

Les nouveaux intitulés pour le regroupement sont :

- santé ;
- accident du travail (AT) – maladies professionnelles (MP) ;
- retraite ;
- famille-sécurité sociale ;
- assurance chômage ;
- autres contributions dues par l'employeur ;
- cotisations statutaires ou prévues par la convention collective ;
- CSG non imposable à l'impôt sur le revenu ;
- CSG/CRDS imposable à l'impôt sur le revenu ;
- allègements de cotisations.

Depuis le 1er janvier 2018, il est obligatoire pour toutes les entreprises.

MENTIONS SUR LE BULLETIN DE PAIE

Mentions obligatoires

Le bulletin de paie doit comporter toutes les mentions obligatoires prescrites par la loi (*cf.* modèle de bulletin de paie, p. 24 et 25).

1 Le nom et l'adresse de l'employeur ainsi que, le cas échéant, la désignation de l'établissement dont dépend le salarié

2 Le numéro de la nomenclature des activités françaises (code NAF) attribué par l'INSEE à l'entreprise caractérisant son activité principale.

3 L'intitulé de la convention collective de branche applicable au salarié ou, à défaut, la référence au Code du travail pour les dispositions relatives à la durée des congés payés du salarié et à la durée des délais de préavis en cas de cessation de la relation de travail.

4 Le nom et l'emploi du salarié ainsi que sa position dans la classification conventionnelle qui lui est applicable (sa position est notamment définie par le niveau ou le coefficient hiérarchique qui lui est attribué).

5 La période et le nombre d'heures de travail auxquels se rapporte le salaire en distinguant, s'il y a lieu, les heures payées au taux normal et celles qui comportent une majoration pour heures supplémentaires ou pour toute autre cause en mentionnant le ou les taux appliqués aux heures correspondantes :

- la nature et le volume du forfait auquel se rapporte le salaire des salariés dont la rémunération est déterminée sur la base d'un forfait hebdomadaire ou mensuel en heures, d'un forfait annuel en heures ou en jours ;
- l'indication de la nature de la base de calcul du salaire lorsque, par exception, cette base de calcul n'est pas la durée du travail.

6 La nature et le montant des accessoires du salaire soumis aux cotisations salariales et patronales.

7 Le montant de la rémunération brute du salarié.

Le fait que le salarié accepte sans protestation ni réserve le bulletin de paie ne signifie pas qu'il renonce aux sommes qui lui sont dues. Il dispose d'un délai de 3 ans pour en réclamer le paiement.

Bullet

Identification de l'entreprise

Dénomination (1)
Adresse :
Code APE/NAF :
SIRET : (2)

Périod
du – / –

Convention collective applicable à l'entrepri

Éléments	Qu de
SALAIRE BRUT (5)	
HEURES SUPPLÉMENTAIRES	
Indemnité de congés payés du au (11)	
VERSEMENT MOBILITÉ	
TITRE RESTAURANT (8)	
PRIMES (6)	
Cotisations et contributions	
SANTÉ	
Sécurité sociale — Maladie Maternité Invalidit	
Complémentaire Incapacité Invalidité Décès	
Complémentaire Santé	
ACCIDENTS DU TRAVAIL — MALADIES PROF	
RETRAITE	
Sécurité sociale plafonnée	
Sécurité sociale déplafonnée	
Complémentaire Tranche 1	
Complémentaire Tranche 2	
Supplémentaire	
FAMILLE —SÉCURITÉ SOCIALE	
ASSURANCE CHÔMAGE	
Chômage	
APEC	
AUTRES CONTRIBUTIONS DUES PAR L'E	
COTISATIONS STATUTAIRES OU PRÉVUE CONVENTION COLLECTIVE	
CSG déductible de l'impôt sur le revenu	
CSG/CRDS non déductible de l'impôt sur	
EXONÉRATIONS DE COTISATIONS EMPL	
TOTAL DES COTISATIONS ET CONTRIBU	
NET À PAYER AVANT IMPÔT SUR L	
dont évolution de la rémunération liée à la suppress	
Impôt sur le revenu (9)	
Impôt sur le revenu prélevé à la source	

Date de paiement	Mode de paie
–/–/– (11)	x

Cumul de l'année	Congés payés	
Brut : Net à payer : Net imposable :	Acquis : x jours Solde : x jours	A S

Pour la définition des terme
rémunération sur le site

Dans votre intérêt et pou
ce bulletin de pai

e paie

Identification du salarié

travail

– / – / –

Nom : **prénom :**
Adresse :
Emploi : (4)
Cœfficient :

Valeur unitaire	Taux	Montant	Part salarié	Part employeur
x	x	x (7)		
x	x	x		
		x		
x			x	x
		x		

	Base	Taux salarié	Part salarié	Part employeur
	(7)			
s	x			x
	x	x	x	x
	x	x	x	x
NELLES	x			x
	x (8)	x	x	x
	x	x	x	x
	x	x	x	x
	x	x	x	x
	x			x
	x			x
	x	x	x	x
EUR				x
A				
	x	x	x	
u	x	x	x	
				x
			x	x
NU	(9) X			
otisations salariales chômage et maladie				x

Taux	Montant
x	x
	Net à payer en euros (10)
	x

jours ours	**Allègements de cotisation employeur**	(13) x
	Total versé par l'employeur	(14) x

yés, se reporter à la rubrique
t *www.service-public.fr.* (15)

aloir vos droits, conserver
mitation de durée. (16)

8 **a)** Le montant et l'assiette des cotisations et contributions d'origine légale et conventionnelle à la charge de l'employeur et du salarié avant déduction des exonérations et exemptions mentionnées au 13 ainsi que, pour les cotisations et contributions d'origine légale et conventionnelle à la charge du salarié, leurs taux.
b) La nature et le montant des versements et retenues autres que celles mentionnées au a) effectués sur la période, notamment au titre de la prise en charge des frais de transport public ou personnel (versement mobilité).

9 L'assiette, le taux et le montant de la retenue à la source ainsi que la somme qui aurait été versé au salarié en l'absence de retenue à la source.

10 Le montant de la somme effectivement reçue par le salarié.

11 La date de paiement du salaire.

12 Les dates de congés payés ainsi que le montant de l'indemnité correspondante lorsqu'une période de congé annuel est comprise dans la période de paie considérée.

13 Le montant total des exonérations et exemptions de cotisations et contributions sociales appliquées à la rémunération mentionnée au 7.

14 Le montant total versé par l'employeur, c'est-à-dire la somme de la rémunération mentionnée au 7 et des cotisations et contributions à la charge de l'employeur mentionnées au 8, déduction faite des exonérations et exemptions des mêmes cotisations et contributions mentionnées au 13.

15 La mention de la rubrique dédiée au bulletin de paie sur le portail www.service-public.fr.

16 La mention incitant le salarié à conserver son bulletin de paie sans limitation de durée.

L'employeur se rend coupable de dissimulation d'emploi salarié lorsqu'il se soustrait intentionnellement à son obligation de délivrance du bulletin de paie (sanction pénale).

Mentions facultatives

Le bulletin de paie peut comporter certaines mentions facultatives, mais utiles, concernant notamment :

- le montant du salaire brut cumulé depuis le début de l'année ;
- le montant du salaire net imposable cumulé depuis le début de l'année. En l'absence de cette mention, l'employeur doit informer le salarié, une fois par an, du cumul du net imposable à déclarer à l'administration fiscale ;
- le nombre de jours de congés payés pris, restant à prendre et ceux acquis...

Mentions interdites

Toute mention portant atteinte au droit des personnes et aux libertés individuelles et collectives est interdite sur le bulletin de paie.

et

Pas de mention relative à l'exercice du droit de grève

Les retenues pour heures de grève doivent apparaître en utilisant une expression neutre telle que « *absence non rémunérée* ».

Pas de mention relative à l'activité de représentation des salariés

Les heures de délégation prises pendant le temps de travail ne doivent pas être distinguées des autres heures de travail effectif. Si elles sont prises en dehors de l'horaire de travail, elles doivent apparaître sous une expression neutre telle que : « *autres heures* ». Une fiche annexée au bulletin de paie permet d'identifier les heures de délégation.

ANNEXES AU BULLETIN DE PAIE

L'employeur peut être amené à délivrer au salarié, en complément du bulletin de paie, des annexes destinées à lui apporter certaines informations obligatoires relatives :

- ***à la durée du travail*** : le nombre d'heures acquis au titre de la contrepartie obligatoire en repos ou/et du repos compensateur de remplacement, le décompte des jours RTT, le récapitulatif des heures d'astreinte accomplies par le salarié ainsi que la compensation correspondante... ;
- ***à l'épargne salariale*** : les modalités de la répartition de la participation ou/et de l'intéressement ainsi que les droits attribués au salarié ;
- ***à la simplification du bulletin de paie*** : le récapitulatif annuel des cotisations salariales et patronales ;
- ***à l'activité des salariés représentant du personnel*** : la nature du mandat, les heures de délégation utilisées ainsi que le montant de la rémunération.

CONSERVATION DES BULLETINS DE PAIE

5 ans

L'employeur conserve un double des bulletins de paie des salariés ou les bulletins de paie remis aux salariés sous forme électronique pendant 5 ans.

Il peut être dérogé à la conservation des bulletins de paie, pour tenir compte du recours à d'autres moyens, notamment informatiques. En cas d'utilisation d'un fichier informatique nominatif, l'employeur doit le déclarer à la Commission nationale de l'informatique et des libertés (CNIL).

Les agents de contrôle doivent avoir accès aux doubles des bulletins de paie ou à tout support utilisé par l'employeur pour la conservation des bulletins de paie.

CHÈQUE-EMPLOI

Titre emploi-service entreprise (TESE)

Le titre emploi-service entreprise (TESE) est utilisable sur l'ensemble du territoire par toute entreprise occupant moins de 20 salariés (en CDI, en CDD ou en contrat d'apprentissage).

L'employeur adhérant à ce dispositif doit l'utiliser pour l'ensemble de ses salariés.

L'utilisation du TESE, qui inclut un volet de cotisations sociales, permet à l'employeur :

- ***de s'acquitter des principales obligations administratives liées au recrutement et à l'emploi***. En utilisant le TSE, l'employeur est réputé avoir satisfait à l'établissement du contrat de travail, à la déclaration préalable à l'embauche (DPAE), aux formalités relatives à la visite d'embauche, à la déclaration des cotisations et à la production du bulletin de paie, à la délivrance du certificat de travail... ;
- ***d'effectuer les déclarations et le paiement afférents aux cotisations et aux contributions dues*** au régime général de Sécurité sociale, au régime d'assurance chômage et aux régimes de retraites complémentaires et de prévoyance obligatoires.

L'organisme habilité délivre une attestation mensuelle d'emploi qui se substitue à la remise du bulletin de paie :

- ***soit directement à l'employeur pour remise au salarié*** ;
- ***soit directement au salarié*** si sa période d'emploi n'excède pas 31 jours calendaires.

Chèque-emploi associatif

Le chèque-emploi associatif permet à une association ou fondation à but non lucratif employant au plus 20 salariés de rémunérer ses salariés et d'effectuer les déclarations obligatoires.

Il ne peut être utilisé qu'avec l'accord du salarié concerné. C'est le centre national chèque-emploi associatif qui envoie au salarié une attestation d'emploi valant bulletin de paie.

La rémunération portée sur le chèque-emploi associatif inclut une indemnité de congés payés dont le montant est égal au 1/10e de la rémunération totale brute due au salarié pour les prestations réalisées.

7 La nature des cotisations sociales et des contributions fiscales

Les cotisations sociales et les contributions fiscales sont destinées au financement des différents organismes chargés d'assurer une protection sociale aux salariés.

Elles peuvent être à la charge de l'employeur, ou bien du salarié, ou encore des deux en même temps selon des taux différents.

Financement de la Sécurité sociale

Le régime général de la Sécurité sociale couvre les risques suivants : la maladie, la maternité, l'invalidité, le décès, la vieillesse, les charges de famille, l'accident du travail (AT) et la maladie professionnelle (MP).

Le régime général de la Sécurité sociale est financé par :

- ***les cotisations de Sécurité sociale*** :
  - la cotisation maladie, maternité, invalidité, décès (à la charge de l'employeur) ;
  - la cotisation vieillesse ;
  - la cotisation allocations familiales (à la charge de l'employeur) ;
  - la cotisation accident du travail (à la charge de l'employeur) ;
- ***la contribution sociale généralisée (CSG)*** : elle est un prélèvement de nature fiscale (à la charge du salarié) ;
- ***la contribution au remboursement de la dette sociale (CRDS)*** : elle est un prélèvement de nature fiscale ayant pour objet d'apurer le déficit cumulé du régime général de la Sécurité sociale (à la charge du salarié) ;
- ***la cotisation FNAL*** : elle est destinée au Fonds national d'aide au logement chargé du financement de l'aide personnalisée au logement (APL) pour certaines catégories de personnes : jeunes salariés, personnes âgées… (à la charge de l'employeur) ;
- ***la contribution solidarité autonomie (CSA)*** : elle est destinée à la Caisse nationale de solidarité pour l'autonomie chargée du financement des actions en faveur de l'autonomie des personnes âgées ou handicapées (à la charge de l'employeur en contrepartie de la journée de solidarité dû par le salarié).

L'URSSAF (Union de recouvrement des cotisations de Sécurité sociale et d'allocations familiales) est chargée de leur recouvrement.

Financement du chômage

Le régime d'assurance chômage couvre le risque chômage en versant aux salariés privés d'emploi un revenu de remplacement. Sa gestion est confiée, par les partenaires sociaux, à Pôle emploi.

Pôle emploi est financé par :

- ***la cotisation assurance chômage*** est à la charge de l'employeur. Elle est recouvrée par l'URSSAF.

L'Association pour l'emploi des cadres (APEC) est chargée du reclassement des cadres au chômage.

L'APEC est financée par :

- ***la cotisation APEC*** est recouvrée par l'AGIRC-ARRCO.

FINANCEMENT DE LA RETRAITE COMPLÉMENTAIRE

La retraite complémentaire assure un complément de ressources qui s'ajoute à la pension vieillesse du régime général de la Sécurité sociale.

Les 2 régimes de retraites complémentaires, le régime des non-cadres ARRCO (Association pour le régime de retraite complémentaire des salariés) ***et le régime des cadres AGIRC*** (Association générale des institutions de retraite des cadres), ***ont fusionné au 1er janvier 2019 en un seul régime de retraite complémentaire, commun à tous les salariés du privé, dénommé AGIRC-ARRCO.***

Le régime AGIRC-ARRCO de retraite complémentaire est financé par :

- ***la cotisation AGIRC-ARRCO :*** elle est génératrice de droits ;
- ***la contribution d'équilibre général (CEG)*** : elle est destinée à compenser les charges résultant des départs à la retraite avant 67 ans ;
- ***la contribution d'équilibre technique (CET)*** : elle s'applique à tous les salariés dont le salaire est supérieur au plafond de la Sécurité sociale.

Les cotisations sont recouvrées par le régime AGIRC-ARRCO. Au 1er janvier 2024, elles seront recouvrées par l'URSSAF.

FINANCEMENT DE LA PRÉVOYANCE COMPLÉMENTAIRE

La prévoyance complémentaire assure une couverture complémentaire au régime d'assurance de Sécurité sociale. Elle est mise en place par voie conventionnelle ou par décision unilatérale de l'employeur. La répartition de la contribution entre l'employeur et le salarié est fixée par l'accord. Les contributions sont versées à une institution de prévoyance.

Les employeurs doivent verser pour tout salarié, cadre ou assimilé, une contribution à leur charge exclusive affectée par priorité à la couverture d'avantages en cas de décès.

Ces contributions sont versées à une institution de prévoyance ou à un organisme d'assurance.

- ***La cotisation assurance décès cadres*** est obligatoire. Elle est à la charge de l'employeur.

FINANCEMENT DE L'AGS

L'Association pour la gestion du régime de Garantie des créances des Salariés (AGS) garantit le paiement des salaires en cas de redressement ou de liquidation judiciaires de l'entreprise. L'AGS est financée par :

- ***la cotisation AGS*** est à la charge de l'employeur. Elle est recouvrée par l'URSSAF.

FINANCEMENT DES TRANSPORTS EN COMMUN

Tout employeur qui emploie 11 salariés et plus en région parisienne ou dans le périmètre d'une Autorité Organisatrice de Transport (AOT) doit contribuer au financement des transports en commun.

- ***Le versement mobilité*** et ***le versement additionnel***, s'il est instauré, sont à la charge de l'employeur. Ils sont recouvrés par l'URSSAF.

8 LE CALCUL DES COTISATIONS SOCIALES ET DES CONTRIBUTIONS FISCALES

BASE DE CALCUL

La base de calcul (l'assiette de cotisation) des cotisations sociales et des contributions fiscales correspond :

soit au salaire brut pris en totalité ou à une partie seulement de ce salaire brut ;

Le salaire brut comprend toutes les sommes, ainsi que les avantages et accessoires en nature ou en argent qui y sont associés, versées au salarié en contrepartie ou à l'occasion du travail, notamment les salaires ou gains, les indemnités de congés payés, les indemnités, primes, gratifications et tous autres avantages en argent, les avantages en nature, ainsi que les sommes perçues directement ou par l'entremise d'un tiers à titre de pourboire.

ou

soit à un montant forfaitaire, variable selon la cotisation ou la contribution concernée.

Montant de la cotisation = **Assiette de cotisation x Taux de la cotisation**

PLAFOND DE LA SÉCURITÉ SOCIALE (PSS)

Le plafond de la Sécurité sociale (PSS) est utilisé soit directement pour le calcul de certaines cotisations, soit indirectement comme référence pour déterminer le montant de l'assiette. Il est revalorisé le 1er janvier de chaque année, en fonction de l'évolution des salaires.

Le plafond de la Sécurité sociale est fonction de la périodicité de la paie.

Plafonds de la Sécurité sociale au 1er janvier 2023 selon la périodicité de la paie

Année	Trimestre	Mois	Quinzaine	Semaine	Jour	Heure[1]
43 992 €	10 998 €	3 666 €	1 833 €	846 €	202 €	27 €

1. Pour une durée de travail inférieure à 5 heures par jour.

Le plafond annuel de la Sécurité sociale (PASS) et le plafond mensuel de la Sécurité sociale (PMSS) sont les plus utilisés.

Cas particulier : la proratisation du PMSS

1er cas : salarié entré ou sorti en cours de mois : le plafond correspond à autant de trentièmes du PMSS que la période considérée comporte de jours ouvrables ou non dans la limite de 30 trentièmes.

$$\text{Plafond proratisé} = \text{PMSS} \times \frac{\text{x Jours calendaires}}{30}$$

2e cas : salarié à temps partiel :

$$\text{Plafond proratisé} = \text{PMSS} \times \frac{\text{Salaire brut temps partiel}}{\text{Salaire brut théorique temps plein}}$$

3e cas : salarié à employeurs multiples : le salarié informe chacun de ses employeurs du montant total des salaires perçus dans le mois considéré. Chaque employeur détermine le plafond soit en fonction de l'ensemble des salaires perçus, soit en fonction de l'horaire de travail effectué (même formule que pour le salarié à temps partiel).

$$\text{Plafond proratisé} = \textbf{PMSS x} \frac{\textbf{Salaire brut versé par l'employeur}}{\textbf{Total des salaires bruts perçus}}$$

BASE DE COTISATION : LE SALAIRE BRUT

L'assiette de cotisation correspond à la totalité du salaire brut.

Montant de la cotisation = **Salaire brut x Taux de la cotisation**

BASE DE COTISATION : LE PMSS

L'assiette de cotisation correspond au plafond mensuel de la Sécurité sociale (PMSS).

1er cas
salaire brut ≤ PMSS

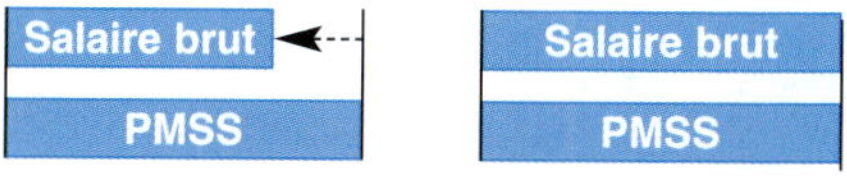

Montant de la cotisation = **Salaire brut x Taux de la cotisation**

2e cas
salaire brut > PMSS

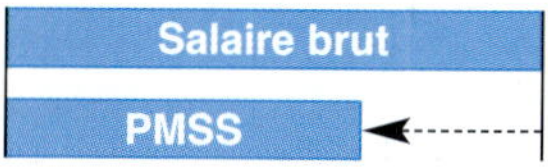

Montant de la cotisation = **1 PMSS x Taux de la cotisation**

Lorsque le salaire dépasse le PMSS, la partie excédentaire n'est pas soumise à cotisations.

BASE DE COTISATION : 4 PMSS

L'assiette de cotisation correspond à un multiple du plafond mensuel de la Sécurité sociale (PMSS).

1er cas : salaire brut ≤ 4 PMSS

Montant de la cotisation = **Salaire brut x Taux de la cotisation**

2e cas : salaire brut > 4 PMSS

Montant de la cotisation = **4 PMSS x Taux de la cotisation**

Lorsque le salaire dépasse 4 PMSS, la partie excédentaire n'est pas soumise à cotisations.

BASE DE COTISATION : TRANCHES T 1 ET T 2

L'assiette de cotisation est découpée en 2 tranches : T 1 et T 2, en fonction du plafond mensuel de la Sécurité sociale.

T 1 = 1 PMSS
T 2 = 7 PMSS

1er cas : salaire brut ≤ T 1

Montant de la cotisation = **Salaire brut x Taux de la cotisation**

2e cas : T 1 < salaire brut < T 2

Montant de la cotisation =   **(1 PMSS x Taux de la cotisation)**   **+ [(Salaire brut – 1 PMSS) x Taux de la cotisation]**

3e cas : salaire brut > T 1 + T 2

Montant de la cotisation =   **(1 PMSS x Taux de la cotisation) + (7 PMSS x Taux de la cotisation)**

Lorsque le salaire dépasse 8 PMSS (T 1+ T 2), la partie excédentaire n'est pas soumise à cotisations.

BASE DE COTISATION POUR LA CSG ET LA CRDS

La contribution sociale généralisée (CSG) et la contribution au remboursement de la dette sociale (CRDS) ont une assiette de cotisation identique assise sur le salaire brut auquel se rajoutent :

- les contributions patronales finançant les prestations de retraite supplémentaire et de prévoyance complémentaire autres que celles versées au régime de retraite complémentaire obligatoire,
- les indemnités de mise à la retraite, de licenciement ou de départ volontaire dans le cadre d'un plan social, pour la partie qui excède les montants conventionnels ou légaux.

Un abattement pour frais professionnels de 1,75 % est appliqué à cette assiette, limité à 4 fois le plafond annuel de la Sécurité sociale (PASS).

Assiette de cotisation pour la CSG et la CRDS =   **Salaire brut + Contributions patronales de prévoyance et de mutuelle**

1er cas : assiette de la contribution ≤ 4 PASS

Montant de la contribution =   **(Assiette de la contribution x 0,9825) x Taux de la contribution**

2e cas : assiette de la contribution > 4 PASS

Montant de la contribution =   **[(4 PASS x 0,9825) + (Assiette de la contribution – 4 PASS)]**   **x Taux de la contribution**

9 Le taux des cotisations sociales et des contributions fiscales

Charges sociales et fiscales sur les salaires au 1er janvier 2023			
Cotisations sociales ou contributions fiscales	**Assiette**	**Taux salarié**	**Taux patronal**
Collectées par l'URSSAF			
CSG déductible	98,25 % du salaire	6,80 %	–
CSG non déductible	98,25 % du salaire	2,40 %	–
CRDS non déductible	98,25 % du salaire	0,50 %	–
Assurance maladie	Totalité du salaire	–	13,00 %[1]
Assurance vieillesse plafonnée	de 0 à 1 PMSS	6,90 %	8,55 %
Assurance vieillesse déplafonnée	Totalité du salaire	0,40 %	1,90 %
Allocations familiales	Totalité du salaire	–	5,25 %[2]
Accidents du travail	Totalité du salaire	–	variable
Contribution solidarité autonomie	Totalité du salaire	–	0,30 %
FNAL (moins de 50 salariés)	de 0 à 1 PMSS	–	0,10 %
FNAL (50 salariés et plus)	Totalité du salaire	–	0,50 %
Versement mobilité	Totalité du salaire	–	variable
Contribution au dialogue social	Totalité du salaire	–	0,016 %
Assurance-chômage	de 0 à 4 PMSS	–	4,05 %[3]
AGS	de 0 à 4 PMSS	–	0,15 %
Collectées par l'AGIRC-ARRCO			
Retraite complémentaire AGIRC-ARRCO			
Cotisations de retraite :			
• Tranche 1 (T 1)	de 0 à 1 PMSS	3,15 %	4,72 %
• Tranche 2 (T 2)	de 1 à 8 PMSS	8,64 %	12,95 %
Contribution d'équilibre général :			
• Tranche 1 (T 1)	de 0 à 1 PMSS	0,86 %	1,29 %
• Tranche 2 (T 2)	de 1 à 8 PMSS	1,08 %	1,62 %
Contribution d'équilibre technique[4] :			
• Tranches 1 et 2 (T 1 et T 2)	de 0 à 8 PMSS	0,14 %	0,21 %
Assurance décès cadres	de 0 à 1 PMSS	–	1,50 %
APEC	de 0 à 4 PMSS	0,024 %	0,036 %
Prévoyance complémentaire	–	selon contrat	

1. Taux de 7 % pour les salaires n'excédant pas 2,5 SMIC sur l'année.
2. Taux de 3,45 % pour les salaires n'excédant pas 3,5 SMIC sur l'année.
3. Depuis le 1er septembre 2022, instauration d'un bonus-malus pour les entreprises d'au moins 11 salariés dans 7 secteurs d'activité où le recours aux CDD et à l'intérim est important entraînant une modulation de la cotisation entre un plafond de 5,05 % et un plancher de 3 %.
4. Elle s'applique à tous les salariés dont le salaire est supérieur au plafond de la Sécurité sociale.

Un forfait social destiné au financement de la Sécurité sociale, à la charge exclusive de l'employeur, concerne, sauf exceptions, les éléments de rémunération ou gains exonérés de cotisations de Sécurité sociale mais assujettis à la CSG. Son taux est de :

- ***20 %*** sur la participation, l'intéressement et les plans d'épargne salariale. Les entreprises de moins de 50 salariés en sont exonérées et les entreprises de 50 à 250 salariés uniquement sur l'intéressement (*cf.* fiche 18) ;
- ***20 %*** sur les indemnités de rupture conventionnelle (*cf.* fiche 16) ;
- ***16 %*** sur les sommes versées sur un plan d'épargne retraite d'entreprise (PERE) (*cf.* fiche 18) ;
- ***10 %*** pour l'abondement de l'employeur sur la contribution des salariés à l'acquisition de titres de l'entreprise ;
- ***8 %*** sur les contributions patronales de prévoyance complémentaire.

10 La régularisation des cotisations sociales et des contributions fiscales

Le plafond de la Sécurité sociale est annuel. Dans le cas de salaires irréguliers, il faut calculer le plafond mensuel de la Sécurité sociale (PMSS) puis comparer le cumul des salaires bruts et le cumul des PMSS.

Salaire brut toujours ≤ PMSS

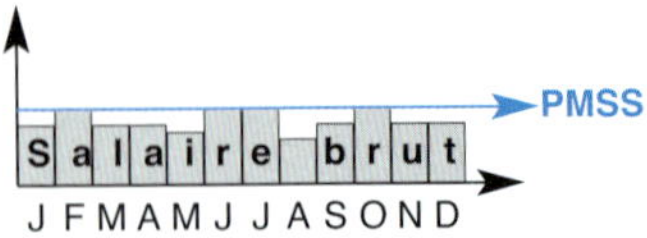

Pas de régularisation

Salaire brut toujours ≥ PMSS

Pas de régularisation

Salaire brut tantôt ≤ PMSS, tantôt ≥ PMSS

Régularisation une fois par année civile, sur la dernière paie
ou
Régularisation progressive d'une paie sur l'autre

Régularisation annuelle

La régularisation annuelle s'effectue soit en fin d'année civile sur la paie de décembre, soit en cours d'année sur la dernière paie en cas de fin de contrat.

Calcul de la régularisation annuelle

1 • ***Faire*** la somme des salaires bruts versés entre le 1er jour et le dernier jour de l'année civile ou le dernier jour travaillé en cas de rupture de contrat (préavis inclus, effectué ou non en cas de dispense par l'employeur).

2 • ***Calculer*** le PMSS cumulé de la période concernée, en tenant compte de l'éventuelle réduction du plafond (entrée ou sortie en cours de mois).

3 • ***Calculer*** les cotisations plafonnées dans la limite du PMSS cumulé.

4 • ***Comparer*** le montant des cotisations plafonnées au total des cotisations plafonnées versées au cours de la période concernée. La différence constitue le versement régularisateur.

Régularisation progressive

La régularisation progressive s'effectue chaque mois en comparant le cumul des salaires bruts versés et le cumul des plafonds.

Calcul de la régularisation progressive

1 • ***Faire*** la somme des salaires bruts versés mois après mois.

2 • ***Calculer*** le PMSS cumulé des mois concernés.

3 • ***Calculer*** les cotisations plafonnées dans la limite du PMSS cumulé.

4 • ***Comparer*** le montant des cotisations plafonnées au total des cotisations plafonnées versées au cours des mois concernés. La différence constitue le versement régularisateur.

11 LA RÉDUCTION GÉNÉRALE DE COTISATIONS PATRONALES ET LES EXONÉRATIONS DE CHARGES SOCIALES

RÉDUCTION GÉNÉRALE DE COTISATIONS PATRONALES « *EX-RÉDUCTION FILLON* »

Le montant de la réduction générale de cotisations patronales est imputé sur :

- les cotisations d'assurance maladie, maternité, invalidité et décès ;
- les cotisations d'assurance vieillesse ;
- les cotisations allocations familiales ;
- la contribution solidarité autonomie (CSA) ;
- la contribution au Fonds national d'aide au logement (FNAL) ;
- aux cotisations de retraite complémentaire AGIRC-ARRCO (cotisation retraite et contribution d'équilibre général) ;
- la contribution chômage.

Lorsque le montant de la réduction générale est supérieur au montant de ces cotisations et contributions, la réduction est également imputée sur les cotisations accidents de travail et maladies professionnelles dans la limite de 0,59 % de la rémunération.

Tout salarié relevant du régime d'assurance chômage peut ouvrir droit à cette réduction générale, quelles que soient la forme ou la nature de son contrat de travail et la durée de travail à laquelle il est soumis, à condition que son salaire soit inférieur à 1,6 SMIC.

La réduction générale est calculée chaque année civile pour chaque salarié concerné en fonction de sa rémunération annuelle brute.

Montant de la réduction annuelle =

Rémunération annuelle brute (RAB) x Coefficient annuel

L'effectif de l'entreprise est apprécié au 31 décembre en fonction de la moyenne au cours de l'année civile des effectifs déterminés chaque mois. Cet effectif fixe la formule de calcul du coefficient applicable au titre des rémunérations versées à compter du 1er janvier de l'année suivante et pour la durée de celle-ci.

Détermination du Coefficient annuel

$$\text{Coefficient annuel} = T / 0,6 \times \left(\frac{1,6 \text{ SMIC annuel}}{\text{Rémunération annuelle brute}} - 1 \right)$$

Le coefficient T est déterminé en fonction du FNAL applicable à l'entreprise :

- **entreprise de moins de 50 salariés** (FNAL au taux de 0,10 %) : T = 0,3191 au 1er janvier 2023 ;
- **entreprise d'au moins 50 salariés** (FNAL au taux de 0,50 %) : T = 0,3231 au 1er janvier 2023.

Sous réserve que le taux de la cotisation chômage reste inchangé.

Le coefficient est arrondi à 4 décimales, au dix millième le plus proche et il ne peut pas avoir une valeur supérieure soit 0,3191 et 0,3231 au 1er janvier 2023.

SMIC annuel : il est égal à 1 820 fois le SMIC horaire auquel s'ajoute, le cas échéant, le nombre d'heures supplémentaires ou complémentaires, sans prise en compte des majorations auxquelles elles donnent lieu. Il est proratisé en cas de temps partiel.

Rémunération annuelle brute (RAB) : elle correspond à la rémunération brute versée au salarié au cours de l'année et soumise à cotisations de la Sécurité sociale (salaire, primes, gratifications, indemnités, notamment de congés payés ou en cas de maladie, les avantages en nature ou en espèces, les heures supplémentaires ou complémentaires effectuées avec les majorations de salaire correspondantes...).

La réduction générale est calculée chaque mois par anticipation et donne lieu à une régularisation progressive au mois le mois ou, à défaut, à une régularisation en fin d'année. Elle ne peut pas dépasser le montant des cotisations effectivement dues.

Cas particuliers

Salarié entré ou sorti en cours de mois	Le montant du SMIC, du mois concerné, est proratisé par un coefficient égal au rapport entre la durée effective de travail du salarié et la durée légale du travail sur le mois.
Salarié en CDD	La réduction générale se calcule contrat par contrat. Si le contrat est renouvelé, elle se calcule pour l'ensemble de la période couverte du début du contrat jusqu'à l'échéance du renouvellement.
Salarié intérimaire	La réduction générale se calcule mission par mission. Si la mission est renouvelée, elle se calcule pour l'ensemble de la période couverte du début de la mission jusqu'à l'échéance du renouvellement.

L'employeur qui ne respecte pas l'obligation d'engager la négociation sur les salaires effectifs encourt une pénalité financière d'un montant équivalent à 10 % du montant de la réduction générale (plafonné à 100 % en cas de non-respect de cette obligation pendant 3 années consécutives).

DÉDUCTION FORFAITAIRE DES COTISATIONS PATRONALES

Toute entreprise de moins de 20 salariés bénéficie d'une déduction forfaitaire de cotisations de 1,50 € par heure supplémentaire.

Toute entreprise de 20 à 249 salariés bénéficie d'une déduction forfaitaire de cotisations de 0,50 € par heure supplémentaire.

Sont concernées par cette déduction forfaitaire de cotisations :

- les heures supplémentaires effectuées au-delà de la durée légale du travail ou de la durée considérée comme équivalente ;
- les heures supplémentaires effectuées au-delà de 1 607 heures par an ou au-delà de la moyenne de 35 heures calculée sur la période de référence en cas d'aménagement du temps de travail ;
- les heures supplémentaires effectuées au-delà du volume prévu par la convention de forfait hebdomadaire ou mensuel ainsi que, à l'exception de ces heures, les heures supplémentaires effectuées au-delà de la durée légale du travail ;
- les heures accomplies au-delà de 1 607 heures par an en cas de forfait annuel en heures ou les jours supplémentaires travaillés au-delà de 218 jours par an en cas de forfait en jours sur l'année, en contrepartie de la renonciation à des jours de repos.

Dans le cadre d'une convention de forfait en jours sur l'année, en cas de renonciation à des jours de repos au-delà du plafond de 218 jours, le montant de la déduction est égal à 7 fois le montant fixé pour chaque heure supplémentaire.

La déduction forfaitaire de cotisations patronales ne concerne ni les heures complémentaires, ni les employeurs particuliers.

La déduction forfaitaire des cotisations patronales est cumulable avec la réduction générale de cotisations patronales.

12 LA DÉCLARATION ET LE PAIEMENT DES COTISATIONS SOCIALES ET DES CONTRIBUTIONS FISCALES

DÉCLARATION SOCIALE NOMINATIVE (DSN)

La déclaration sociale nominative (DSN) remplace la majorité des déclarations périodiques adressées par les employeurs aux organismes de protection sociale. Elle repose sur la transmission unique, mensuelle et dématérialisée des données issues de la paie (via le logiciel de paie) et la transmission dématérialisée de signalements d'évènements concernant le salarié.

La DSN, est obligatoire depuis le 1er janvier 2017. Elle intègre la quasi-totalité des déclarations sociales des entreprises.

La DSN remplace les formalités suivantes :

- l'attestation de salaire pour le paiement des IJSS en cas d'arrêt maladie, de congé maternité ou de congé paternité ou le salaire journalier servant au calcul des IJSS en cas d'accident du travail (AT) ou de maladie professionnelle (MP) ;
- l'attestation Pôle emploi en cas de rupture du contrat de travail ;
- les déclarations et enquête de mouvements de main-d'œuvre ;
- les formulaires de radiation auprès des mutuelles, sociétés d'assurances, institutions de prévoyance ;
- la déclaration unifiée de cotisations sociales URSSAF (DUCS) ;
- le bordereau récapitulatif de cotisations et contributions sociales (BRC) ;
- le tableau récapitulatif annuel URSSAF ;
- la déclaration unifiée de cotisations sociales (DUCS) pour les caisses de retraite complémentaires (AGIRC-ARRCO) ;
- la déclaration unifiée de cotisations sociales (DUCS) pour les institutions de prévoyance ainsi que les bordereaux de cotisations des mutuelles et des sociétés d'assurance ;
- le relevé mensuel de mission des employeurs de travail temporaire (RMM) ;
- les déclarations de cotisations MSA : bordereau de versement mensuel (BVM), déclaration trimestrielle de salaires (DTS) ;
- la déclaration des effectifs nécessaires à l'affectation du produit de la valeur ajoutée ;
- les formalités permettant l'alimentation du compte personnel de formation (CPF) ;
- la déclaration des facteurs de risques professionnels.

L'employeur déclare également les évènements suivants concernant ses salariés survenus au cours du mois considéré :

- le début et la fin de l'arrêt de travail pour cause d'accident de travail ou de maladie professionnelle ou non, de congé de maternité, d'adoption ou de paternité et d'accueil de l'enfant ;
- la fin du contrat de travail.

Ces signalements sont à adresser dans les 5 jours ouvrés suivant leur survenue lorsque leur transmission ne peut attendre la DSN du mois.

De nouvelles procédures sont régulièrement introduites dans la DSN, comme le recouvrement du prélèvement à la source (PAS), la notification électronique des taux AT/MP, la liquidation unique des indemnités journalières de Sécurité sociale (IJ), l'introduction de la prestation congé de proche aidant.

La transmission de la DSN s'effectue sur le site *www.net-entreprises.fr*. Les données sont ensuite transmises aux différents organismes sociaux concernés qui délivrent à l'entreprise un certificat de conformité après chaque déclaration. La DSN est à transmettre mensuellement :

- le 5 de ce mois pour les entreprises dont l'effectif est d'au moins 50 salariés et dont la paie est effectuée au cours du même mois que la période de travail ;
- le 15 de ce mois dans les autres cas.

PAIEMENT DES COTISATIONS ET DES CONTRIBUTIONS

L'employeur est responsable du versement (le recouvrement) aux organismes sociaux concernés des cotisations patronales ainsi que des cotisations salariales qui sont précomptées lors de chaque paie par l'employeur agissant en qualité de mandataire social.

Recouvrement URSSAF

Le versement des cotisations à l'URSSAF est effectué le mois suivant la période de travail au titre de laquelle les rémunérations sont dues. ***Les cotisations sont versées à la même date que la transmission de la DSN*** :

<table>
<tr><th>Effectif de l'entreprise</th><th>Paiement des salaires</th><th>Exigibilité de la DSN</th><th>Exigibilité des cotisations</th></tr>
<tr><td rowspan="2">Au moins 50 salariés</td><td>Mois M</td><td colspan="2">Le 5 du mois M + 1</td></tr>
<tr><td>Mois M + 1</td><td colspan="2">Le 15 du mois M + 1</td></tr>
<tr><td>Moins de 50 salariés</td><td rowspan="2">Quelle que soit la date</td><td colspan="2">Le 15 du mois M + 1</td></tr>
<tr><td>Moins de 11 salariés
(option trimestrielle)</td><td>Le 15 du mois M + 1</td><td>Le 15 du 1er mois du trimestre qui suit</td></tr>
</table>

Des majorations de retard sont appliquées aux cotisations non acquittées dans les délais légaux.

Recouvrement AGIRC-ARRCO

Le versement des cotisations au régime AGIRC-ARRCO de retraite complémentaire est effectué :

- mensuellement par les entreprises de plus de 9 salariés ;
- trimestriellement par les entreprises de moins de 10 salariés. Elles ont cependant la possibilité d'opter pour le versement mensuel.

Les cotisations donnent lieu à des régularisations annuelles.

Les cotisations de retraite complémentaire sont exigibles le premier jour du mois suivant la paie. Elles doivent être réglées au plus tard le 25 du mois qui suit la date d'exigibilité.

L'entreprise dispose d'un délai d'un mois à compter de la date d'exigibilité pour effectuer son règlement.

13 LES RETENUES POUR ABSENCE

Certains événements peuvent interrompre temporairement l'activité du salarié entraînant la suspension de son contrat de travail :

- ***les cas de suspension du fait du salarié*** : la maladie, la maternité, l'accident du travail ou la maladie professionnelle, les congés pour événements familiaux (mariage, naissance, décès…), pour convenances personnelles ou nécessités par une activité d'intérêt général, les congés de formation, la grève… ;

ou

- ***les cas de suspension du fait de l'employeur*** : la mise à pied disciplinaire ou conservatoire, le lock-out et le chômage partiel.

Pendant la période de suspension du contrat de travail :

- ***le salarié n'exécute pas sa prestation de travail*** ;
- ***l'employeur est dispensé, sauf exceptions, de verser le salaire.***

La retenue de salaire pour absence doit être exactement proportionnelle à la durée de l'absence.

MÉTHODE DES HEURES RÉELLES

En cas d'absences non rémunérées ou d'embauche ou de départ en cours de mois, le salaire doit être déterminé en prenant en compte le nombre d'heures de travail réellement effectuées.

L'employeur peut, après avoir déterminé le montant du salaire horaire brut du mois considéré, calculer :

- ***soit le montant de la retenue sur salaire, en cas d'absence non rémunérée*** ;
- ***soit le montant du salaire brut à verser, en cas d'embauche ou de départ en cours de mois.***

Montant du salaire horaire brut du mois considéré =

$$\frac{\text{Salaire brut mensuel}}{\text{Nombre d'heures effectives du mois considéré}}$$

Montant de la retenue sur salaire =

Salaire horaire brut x Nombre d'heures d'absence

Montant du salaire versé =

Salaire horaire brut x Nombre d'heures de travail effectuées

AUTRES MÉTHODES DE CALCUL DES RETENUES SUR SALAIRE

Il existe d'autres méthodes de calcul qui peuvent être appliquées à condition qu'elles soient plus avantageuses pour le salarié :

- ***la méthode de l'horaire mensuel moyen*** : pour 35 heures par semaine, il est égal à 1/151,67 du salaire mensuel ;
- ***la méthode des jours ouvrés*** (jours travaillés, en général 5 jours), de 18 à 23 jours selon le mois ou 21,67 jours en moyenne ;
- ***la méthode des jours ouvrables*** (tous les jours de la semaine à l'exception du dimanche et des jours fériés, en principe 6 jours), de 24 à 27 jours selon le mois ou 26 jours en moyenne.

14 L'INDEMNISATION DE LA MALADIE

En cas de maladie ou d'accident, le salarié peut bénéficier d'un arrêt de travail. Dans ce cas, le contrat de travail est simplement suspendu. Pendant cette période, le salarié peut bénéficier :

- ***des indemnités journalières de Sécurité sociale (IJSS)*** ;
- ***d'une indemnité complémentaire versée par l'employeur***.

INDEMNITÉS JOURNALIÈRES DE SÉCURITÉ SOCIALE (IJSS)

Pour bénéficier des IJSS, le salarié doit :

- ***faire parvenir*** à sa caisse primaire (CPAM) et à son employeur, dans les 48 heures, le certificat médical d'arrêt de travail ;
- ***se soumettre***, éventuellement, à un contrôle médical par un médecin-conseil de la CPAM ;
- ***s'abstenir*** d'exercer une autre activité professionnelle.

Les IJSS sont dues pour chaque jour d'interruption de travail qu'il soit ouvrable ou non. Elles sont versées à compter du 4e jour d'arrêt de travail, c'est-à-dire à l'expiration d'un délai de carence de 3 jours.

Début de l'arrêt de travail → 3 jours → Durée maximale de versement des IJSS

Délai de carence (3 jours)

Maladie ordinaire : pas plus de 360 IJSS sur une période de 3 années consécutives.
Maladie de longue durée : les IJSS sont versées pendant une période de 3 ans calculée de date à date.

Le montant de l'IJSS est obtenu en multipliant le salaire journalier de base par un taux.

> Salaire journalier de base pour l'IJSS maladie = **Salaire de référence x 1/91,25**
> **Le salaire de référence est égal au salaire brut des 3 mois précédant l'arrêt de travail dans la limite de 1,8 SMIC.**

> Montant de l'IJSS brute de maladie = **50 %[1] x Salaire journalier de base**
> 1. 2/3 soit 66,66 % à compter du 31e jour d'arrêt de travail si l'assuré a 3 enfants à charge.

Les IJSS sont soumises à une CSG de 6,2 % et à la CRDS de 0,5 %.

> Montant de l'IJSS nette versée au salarié = **IJSS brute – (6,7 % x IJSS brute)**

Cas particuliers d'IJSS

IJSS maternité	Le salaire journalier de base est égal à $1/91,25^{e}$ du salaire de référence maladie, dans la limite du PMSS, diminué d'un taux de cotisation forfaitaire de 21 %. Le montant de l'IJSS est égal au salaire journalier de base (pas de délai de carence).
IJSS AT/MP	Le salaire journalier de base est égal à $1/30,42^{e}$ du salaire brut du mois précédant l'arrêt de travail, diminué d'un taux de cotisation forfaitaire de 21 % et dans la limite de 0,834 % du PASS. Le montant de l'IJSS est de 60 % du salaire journalier de base, 80 % à compter du 29e jour (pas de délai de carence).

INDEMNITÉ COMPLÉMENTAIRE DE L'EMPLOYEUR

L'employeur doit verser une indemnité complémentaire à l'IJSS si le salarié remplit les conditions suivantes :

- ***avoir 1 an d'ancienneté*** dans l'entreprise au 1er jour de l'absence ;
- ***avoir justifié de son incapacité dans les 48 heures*** ;
- ***être pris en charge par la Sécurité sociale*** ;
- ***être soigné en France*** ou dans l'Union européenne ;
- ***se soumettre***, éventuellement, ***à une contre-visite médicale***.

L'indemnité complémentaire est due pour chaque jour d'interruption de travail qu'il soit ouvrable ou non. Elle est versée à compter du 8e jour d'arrêt de travail, c'est-à-dire à l'expiration d'un délai de carence de 7 jours (pas de délai de carence en cas d'arrêt de travail consécutif à un AT ou une MP).

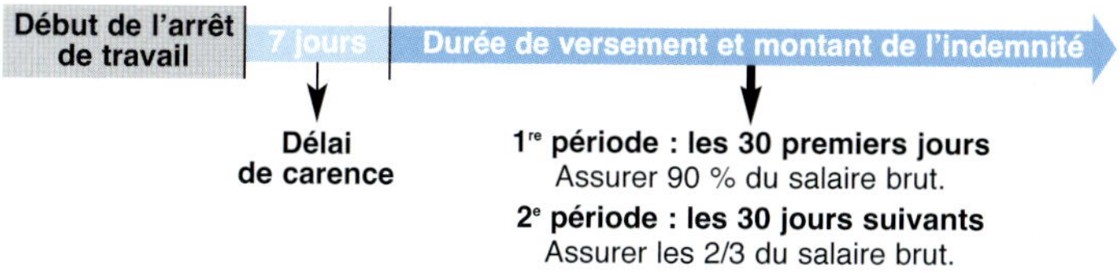

La durée des 2 périodes d'indemnisation est augmentée de 10 jours par période de 5 ans d'ancienneté (au-delà de la 1re année), sans pouvoir excéder 90 jours pour chaque période.

En cas d'arrêts successifs, la durée d'indemnisation est limitée, au cours d'une période de 12 mois consécutifs, à celle acquise, par le salarié, au titre de l'ancienneté.

L'employeur déduit du montant de l'indemnité complémentaire le montant de l'IJSS brute ainsi que les prestations complémentaires versées par un régime de prévoyance pour la seule part correspondant au financement de l'employeur.

L'indemnité complémentaire est soumise aux mêmes cotisations sociales et contributions fiscales que le salaire.

MAINTIEN DU SALAIRE : LA SUBROGATION

Dans le cas où l'employeur maintient le salaire complet sans la déduction des IJSS, il est obligatoirement subrogé dans les droits du salarié aux IJSS. La caisse primaire d'assurance maladie lui verse directement les IJSS brutes.

Lorsqu'il perçoit les IJSS, l'employeur doit sur le bulletin de paie :

- ***déduire*** le montant des IJSS brutes au niveau du salaire brut ;
- ***ajouter*** le montant des IJSS nettes au niveau du salaire net.

Afin d'éviter que le salarié ne perçoive un salaire net supérieur à celui qu'il aurait perçu s'il avait travaillé (les IJSS n'étant pas soumises à cotisations), l'employeur peut appliquer la méthode du maintien du salaire net. Dans ce cas, il ajoute sur le bulletin de paie une ligne régulatrice négative « *maintien du salaire net* ».

15 L'INDEMNISATION DES CONGÉS PAYÉS

Tout salarié a droit à un congé de 2,5 jours ouvrables par mois de travail effectif chez le même employeur. S'il travaille moins d'un mois, le nombre de jours de congé est proratisé et arrondi au nombre entier supérieur.

La durée des congés payés est proportionnelle au temps de travail effectif effectué pendant la période de référence. Elle est déterminée à raison de ***2,5 jours ouvrables par mois de travail effectif***, ou par période équivalente à 4 semaines ou 24 jours de travail, pendant la période de référence.

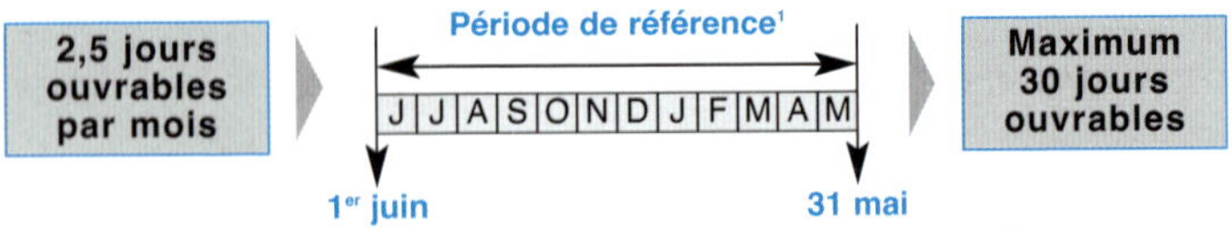

1. La période de référence peut, par voie conventionnelle, être différente.

Lorsque le nombre de jours calculé n'est pas un nombre entier, la durée du congé est portée au nombre entier supérieur.

L'employeur doit faire apparaître, à chaque prise de congés payés, sur le bulletin de paie les mentions suivantes :

	Salaire de base
–	**Retenue pour absence**
+	**Indemnités de congés payés**
=	**Salaire brut**

Il existe 2 modes pour calculer l'indemnité de congés payés :

La méthode du maintien du salaire

L'indemnité ne doit pas être inférieure à la rémunération que le salarié aurait perçu s'il avait continué à travailler pendant la période de congé.

ou

La méthode du dixième

L'indemnité est égale au 1/10e de la rémunération totale perçue par le salarié pendant la période de référence.

$$\text{Montant total de l'indemnité de congés payés} = \frac{\text{Rémunération totale perçue au cours de la période de référence}}{10}$$

Pour le calcul de l'indemnité de congés payés :

- ***sont pris en compte***, le salaire de base et ses compléments dès lors qu'ils rémunèrent une période travaillée ;
- ***sont exclus***, le 13e mois, les avantages en nature maintenus pendant les congés payés, les remboursements de frais, les primes à caractères annuels comme la participation ou l'intéressement…

La méthode de calcul la plus favorable doit être appliquée au salarié. La comparaison doit se faire dans le cadre de l'indemnité totale des congés payés. Si la méthode utilisée est moins favorable au salarié que l'autre, l'employeur verse un complément d'indemnité de congés payés le mois où il solde ses congés payés.

16 LE REÇU POUR SOLDE DE TOUT COMPTE

RÉDACTION DU REÇU POUR SOLDE DE TOUT COMPTE

Le solde de tout compte fait l'inventaire des sommes versées au salarié lors de la rupture du contrat de travail.

Le reçu pour solde de tout compte est établi par l'employeur en double exemplaire. L'un des exemplaires est remis, par l'employeur, au salarié qui lui en donne reçu.

Pour être valable, le reçu pour solde de tout compte doit :

- ***être établi*** après résiliation ou expiration du contrat ;
- ***mentionner*** qu'il est établi en double exemplaire (dont un pour le salarié) ;
- ***indiquer*** la date d'établissement du reçu ;
- ***rappeler*** le délai de dénonciation ;
- ***porter***, écrit de la main du salarié, la mention « *pour solde de tout compte* » suivie de sa signature.

Il peut être établi sur papier à en-tête de l'entreprise ou sur papier libre ; dans ce cas, le nom de l'employeur et la raison sociale de l'entreprise ainsi que les nom et prénoms du salarié doivent apparaître.

Modèle de reçu pour solde de tout compte

Je, soussigné .... (nom et prénoms du salarié) demeurant ....

reconnaît avoir reçu de .... (Identification de l'entreprise ou de l'employeur)

pour solde de tout compte, la somme de .... € (somme en toutes lettres) qui représente tout ce qui m'est dû à quelque titre que ce soit, en paiement des salaires, accessoires de salaires et indemnités diverses, quel qu'en soit le montant et la nature, au titre de l'exécution et de la cessation de mon contrat de travail :

(Énumérer les différents accessoires et indemnités versés au salarié : salaire en cours, 13e mois, indemnité compensatrice de congés payés, indemnité compensatrice préavis...).

Ce reçu peut être dénoncé, par lettre recommandée, dans les 6 mois à compter de la date de signature. Passé ce délai, je ne serai plus en droit de le contester.

Le présent reçu est établi en deux exemplaires, dont un m'est remis.

Fait à : ...., le ....

« Pour solde de tout compte »

Signature du salarié

La dénonciation du reçu pour solde de tout compte est faite par lettre recommandée dans les 6 mois qui suivent sa signature, délai au-delà duquel il devient libératoire pour l'employeur pour les sommes qui y sont mentionnées.

Le salarié reste libre d'exercer toutes réclamations, postérieurement à la remise du reçu pour solde de tout compte, pour des sommes n'y figurant pas.

INVENTAIRE DES SOMMES À VERSER AU SALARIÉ LORS DE LA RUPTURE DU CONTRAT DE TRAVAIL

Selon le motif de la rupture du contrat, démission, licenciement, rupture conventionnelle, rupture conventionnelle collective ou départ en retraite, l'employeur doit verser au salarié des indemnités.

Indemnité compensatrice de congés payés

L'indemnité compensatrice de congés payés correspond à la fraction des congés payés dont le salarié ne peut bénéficier du fait de la résiliation du contrat de travail (non versée en cas de licenciement pour faute lourde). Elle est calculée selon les mêmes règles que pour l'indemnité de congés payés (*cf.* fiche 15).

Indemnité compensatrice de préavis

Le préavis correspond à la période durant laquelle le contrat de travail continue de produire ses effets bien que l'une des parties ait notifié à l'autre sa décision de rompre. L'employeur doit verser au salarié une indemnité compensatrice de préavis s'il dispense, à son initiative, celui-ci de l'exécuter (même en cas de démission).

Elle est égale aux salaires et avantages que le salarié aurait perçus s'il avait accompli le préavis. Elle peut être versée en plusieurs fois, selon la périodicité des salaires qu'elle remplace, ou en une seule fois au moment de la cessation effective du travail.

Indemnité de départ à la retraite

Le départ à la retraite découle de la volonté du salarié, ayant atteint l'âge légal de départ à la retraite, de rompre son contrat de travail pour bénéficier de sa pension vieillesse. Il ouvre droit au salarié, sauf dispositions conventionnelles plus favorables, à une indemnité légale de départ à la retraite.

Montant de l'indemnité de départ à la retraite

Pour 10 ans d'ancienneté : 1/2 mois de salaire
Pour 15 ans d'ancienneté : 1 mois de salaire
Pour 20 ans d'ancienneté : 1 mois 1/2 de salaire
Pour 30 ans d'ancienneté : 2 mois de salaire

Le salaire à prendre en considération est le salaire moyen des 3 ou 12 derniers mois, selon la formule la plus avantageuse pour le salarié.

Elle est soumise à cotisations sociales et à l'impôt sur le revenu.

Indemnité légale de licenciement

L'indemnité légale de licenciement est due pour tout licenciement (sauf faute grave ou lourde) si le salarié a au moins 8 mois d'ancienneté. Sauf dispositions conventionnelles plus favorables, elle ne peut être inférieure à une somme calculée par année de services accomplis en tenant compte des mois de services accomplis au-delà des années pleines :

Montant de l'indemnité légale de licenciement =
1/4 de mois par année de service
+
1/3 de mois par année au-delà de 10 années de service

Le salaire à prendre en considération est, selon la formule la plus avantageuse pour le salarié, le salaire moyen des 3 ou 12 derniers mois.

L'indemnité de licenciement a le caractère de dommages-intérêts. Elle est exonérée de cotisations de Sécurité sociale dans la limite de 2 fois le plafond annuel de la Sécurité sociale.

Cas particulier : l'indemnité de rupture conventionnelle : elle ne peut pas être inférieure à l'indemnité légale de licenciement, sauf dispositions conventionnelles plus favorables. Elle est soumise au forfait social de 20 %, à la charge exclusive de l'employeur, dans la limite de 2 fois le plafond annuel de la Sécurité sociale.

17 La protection des salaires

PROTECTION CONTRE LES CRÉANCIERS DE L'EMPLOYEUR

Privilège général

Le privilège général concerne le paiement des 6 derniers mois de travail, l'indemnité de congés payés et les indemnités de licenciement et de préavis. Le privilège des salaires n'arrivant qu'après les impôts, les frais de justice... rend cette protection inopérante.

Superprivilège

Le superprivilège garantit au salarié, en cas de règlement judiciaire ou de liquidation des biens, le paiement des 60 derniers jours de travail (90 jours pour les VRP), l'indemnité de congés payés...

Le superprivilège place le salarié au tout premier rang des créanciers dans la limite d'un plafond mensuel égal au double du plafond mensuel de la Sécurité sociale.

Fonds de garantie des salaires

Tout employeur doit assurer ses salariés en vue de garantir le paiement des créances salariales résultant du contrat de travail en cas de redressement ou de liquidation judiciaire de l'entreprise.

Le fonds de garantie des salaires intervient sous forme d'avances aux salariés, celles-ci étant remboursées par récupération sur le patrimoine de l'employeur.

Il est géré par l'Association pour la gestion du régime d'assurance des créances des salariés (AGS). Il est financé par une cotisation à la charge de l'employeur correspondant à 0,15 % du montant des salaires versés dans la limite de 4 fois le plafond mensuel de la Sécurité sociale.

PROTECTION CONTRE LES CRÉANCIERS DU SALARIÉ

Un créancier peut engager une procédure devant le juge d'instance pour obtenir une ordonnance de saisie-arrêt sur les salaires. Elle est transmise à l'employeur du salarié qui doit prélever directement sur le salaire le montant de la saisie et l'adresser au greffe du tribunal.

Cas particuliers de créance

Trésor public	Le Trésor public peut directement exiger de l'employeur une retenue sur salaire dans la limite des sommes saisissables, jusqu'au paiement complet de la dette. La créance du Trésor public prime sur toutes les autres créances, sauf saisie pour non-paiement d'une pension alimentaire.
Pensions alimentaires	Le prélèvement direct du terme mensuel courant et des 24 derniers mois impayés des pensions alimentaires peut être poursuivi sur l'intégralité de la rémunération du salarié débiteur. Toutefois, une somme est, dans tous les cas, laissée à la disposition du salarié. Elle est égale au montant du RSA (sans majoration pour personne à charge).

Le salaire ayant avant tout un caractère alimentaire, il ne peut être saisi en totalité. Pour la détermination de la fraction insaisissable, il est tenu compte de la rémunération, de ses accessoires ainsi que de la valeur des avantages en nature, après déduction des cotisations et contributions sociales obligatoires et de la retenue à la source.

Il n'est pas tenu compte des indemnités insaisissables, des sommes allouées à titre de remboursement de frais exposés par le salarié et des allocations ou indemnités pour charge de famille.

La fraction saisissable de la rémunération est calculée par tranche, et augmente progressivement dans les conditions suivantes :

Barème des saisies sur rémunération au 1er janvier 2022

Tranches	Rémunération mensuelle	Part saisissable sur la tranche
1re tranche	**: de 0 € à 347,50 €**	**1/20e**
2e tranche	**: de 347,71 € à 678,33 €**	**1/10e**
3e tranche	**: de 678,34 € à 1010,83 €**	**1/5e**
4e tranche	**: de 1010,84 € à 1 340,00 €**	**1/4**
5e tranche	**: de 1 340,01 € à 1 670,83 €**	**1/3**
6e tranche	**: de 1 670,84 € à 2 007,50 €**	**2/3**
7e tranche	**: plus de 2 007,51 €**	**La totalité**

Fraction mensuelle saisissable sur chaque tranche (cumul)

Les tranches mensuelles sont majorées de 134,17 € par personne à charge du salarié, sur justificatif.

Dans tous les cas, il est laissé au salarié une somme égale au montant du RSA (sans majoration pour personne à charge).

Le salarié peut s'acquitter directement d'une dette en consentant à un tiers le droit de percevoir à sa place une partie de ses salaires – la cession de salaires – dans la limite de la fraction saisissable. Le salarié doit souscrire une déclaration au secrétariat-greffe du Tribunal d'instance de son domicile.

Les indemnités de licenciement sont totalement saisissables.

Les prestations familiales et les rentes d'accidents du travail sont insaisissables.

Montant de la saisie pour un salaire net de 2 800 € : 1 326,45 €

1re tranche :	347,50 x 1/20 =	17,38 €
2e tranche :	(678,33 – 347,51) x 1/10 =	33,08 €
3e tranche :	(1 010,83 – 678,34) x 1/5 =	66,50 €
4e tranche :	(1 340 – 1010,84) x 1/4 =	82,29 €
5e tranche :	(1 670,83 – 1 340,01) x 1/3 =	110,27 €
6e tranche :	(2 007,50 – 1 670,84) x 2/3 =	224,44 €
7e tranche :	2 800 – 2 007,51 =	792,49 €
	Total de la quotité saisissable	1 326,45 €

18 LA PARTICIPATION, L'INTÉRESSEMENT ET L'ÉPARGNE SALARIALE

PARTICIPATION AUX RÉSULTATS DE L'ENTREPRISE

La participation a pour objet de garantir collectivement aux salariés le droit de participer aux résultats de l'entreprise. Elle est obligatoire dans les entreprises d'au moins 50 salariés. Elle est mise en place par accord collectif ; à défaut d'accord, un régime subsidiaire est appliqué.

L'entreprise assujettie doit constituer chaque année une réserve spéciale de participation (RSP), prélevée sur ses bénéfices.

Montant de la réserve spéciale de participation (RSP)

$$RSP = 1/2 \left(B - 5\,\%\, C \right) \times \left(S / VA \right)$$

B	: bénéfice net
C	: capitaux propres
S	: salaires bruts
VA	: valeur ajoutée

La répartition de la RSP peut s'effectuer proportionnellement aux salaires, proportionnellement à la durée de présence, uniformément entre les salariés ou par une combinaison de ces 3 critères. Chaque bénéficiaire ne peut se voir attribuer une somme égale ou supérieure aux 3/4 du plafond annuel de la Sécurité sociale.

Les sommes attribuées à la RSP peuvent être affectées soit sur un compte courant bloqué destiné à financer des investissements au sein de l'entreprise, soit sur un compte ouvert au nom du salarié en application d'un plan d'épargne salariale (PEE, PEI, PERE).

Les sommes versées au titre de la participation sont :

- ***soit indisponibles pendant 5 ans***. Elles sont – à l'issue de cette période – exonérées de l'impôt sur le revenu et de toutes charges sociales, à l'exception de la CSG et de la CRDS. Le salarié peut obtenir un déblocage anticipé dans certains cas ;
- ***soit, en tout ou partie, versées immédiatement au salarié qui en fait la demande***. Dans ce cas, elles sont soumises à l'impôt sur le revenu mais exonérées de toutes charges sociales, à l'exception de la CSG et de la CRDS.

INTÉRESSEMENT

L'intéressement a pour objet d'associer les salariés aux résultats ou aux performances de l'entreprise. L'accord d'intéressement peut être conclu dans toute entreprise pour une durée de 3 ans.

Le montant de l'intéressement ne peut dépasser :

- un plafond global égal à 20 % de la masse salariale brute ;
- un plafond individuel égal 75 % du plafond annuel de la Sécurité sociale.

La répartition des sommes issues de l'intéressement s'effectue selon les mêmes modalités que pour la participation.

Les sommes versées au titre de l'intéressement sont immédiatement disponibles. Elles ne sont pas soumises à cotisations, à l'exception de la CSG et de la CRDS. Elles sont soumises à l'impôt sur le revenu, sauf si le salarié décide de les affecter à un plan d'épargne salariale.

PLANS D'ÉPARGNE SALARIALE

Plan d'épargne d'entreprise (PEE)

Le plan d'épargne d'entreprise (PEE) est un système d'épargne collective ouvrant aux salariés d'une entreprise la faculté de participer avec l'aide de celle-ci à la constitution d'un portefeuille de valeurs mobilières. Il peut être institué dans toute entreprise. Les sommes versées sur le PEE sont indisponibles pendant 5 ans. Elles peuvent être débloquées dans les mêmes conditions qu'en matière de participation. Elles sont soumises à l'impôt sur le revenu (sauf si elles proviennent de la participation, de l'intéressement ou des abondements de l'entreprise) mais exonérées de toutes charges sociales, à l'exception de la CSG et de la CRDS.

Plan d'épargne interentreprises (PEI)

Le plan d'épargne interentreprises (PEI) est un système d'épargne collective ouvrant aux salariés des petites et moyennes entreprises la faculté d'accéder aux dispositifs d'épargne salariale. Il est institué par accord collectif concernant un secteur géographique, une branche professionnelle ou plusieurs entreprises ou par accord entre plusieurs employeurs pris individuellement. L'alimentation du PEI, l'affectation des sommes versées, leur indisponibilité et leur régime fiscal sont identiques à ceux du PEE.

Plan d'épargne retraite d'entreprise (PERE)

Le plan d'épargne retraite d'entreprise (PERE) est un produit d'épargne à long terme permettant au salarié d'économiser pour obtenir, avec l'aide de son entreprise, un capital ou une rente à l'âge de la retraite. Il peut être institué dans toute entreprise.

Le PERE collectif est un plan ouvert à tous les salariés d'une entreprise. Il est mis en place à l'initiative de l'employeur ou par un accord avec les représentants des salariés. ***L'adhésion est facultative***.

Le PERE collectif est un plan ouvert à tous les salariés d'une entreprise ou réservé à certaines catégories de salariés. Il est mis en place sur décision de l'employeur, par la ratification d'un accord par la majorité des salariés concernés ou par accord collectif. ***L'adhésion est obligatoire***.

Le plan d'épargne pour la retraite collectif (PERCO) ne peut plus être mis en place depuis le 1er octobre 2020. Ceux existants continuent à produire leurs effets ou peuvent être transformés en PERE collectif.

FORFAIT SOCIAL

Les sommes versées au titre de la participation, de l'intéressement ainsi que les abondements de l'employeur aux plans d'épargne salariale sont soumises à un forfait social à la charge exclusive de l'employeur. Son taux est de :

- ***20 %*** sur la participation, l'intéressement et les plans d'épargne salariale. L'entreprise de moins de 50 salariés en est exonérée et celle de 50 à 250 salariés uniquement sur l'intéressement ;
- ***16 %*** sur les sommes versées sur un plan d'épargne retraite d'entreprise (PERE).